Heinrich und Inge Peters
Pattjackenblut

Einbandgestaltung:

Titelseite: „*Der letzte Augenblick*"

Rückseite: „*Ein Birkenkreuz im Moor*"

Aquarelle von Inge Peters, geb. Sommer, Malerin, Mitautorin und Tochter des Albert Sommer.

2

Heinrich und Inge Peters

PATTJACKENBLUT

Antreten zum Sterben –

in Linie zu 5 Gliedern

Das „Herold" – Massaker im
Emslandlager II Aschendorfermoor
Im April 1945

Bibliografische Information der Deutschen Nationalbibliothek:
Die Deutsche Nationalbibliothek verzeichnet diese Publikation
in der Deutschen Nationalbibliografie; detaillierte bibliografische
Daten sind im Internet über http//dnb.dnb.de abrufbar.

Herstellung und Verlag
BoD – Books on Demand, Norderstedt

ISBN: 978-3-7357-6297-9

Albert Sommer

ENTEHRT
GEÄCHTET
GEFOLTERT
ERMORDET

**Wir geben Dir
die Würde
und Ehre zurück**

Inge und Heinrich

Inhalt

PROLOG

War es das? Habe ich wirklich alles ausgeschöpft und erforscht, was in deutschen Archiven lagert, verstaubt und teilweise noch nicht einmal ausgewertet ist? Gibt es noch irgendwelche Unterlagen, die ich in den über 50 Jahren der Forschung noch nicht entdeckt habe, oder die andere nicht gefunden haben, weil es für sie nur ein alltäglicher Abgleich ohne persönliche Beziehung ist? Ich kann es zwar nicht glauben, aber es gibt keinen Ansatzpunkt mehr, der noch untersucht werden könnte.

Aber worüber schreibe ich hier eigentlich? Und vor allen Dingen: Wo fange ich an, wo höre ich auf? Letztendlich haben meine Ehefrau und ich uns entschlossen, eine biographische Dokumentation zu schreiben, die unbedingt auch die wesentlichen zeitgeschichtlichen Ereignisse widerspiegeln muß, damit in der heutigen, so ganz andersgearteten Demokratie, ein Verstehen der für uns unbegreiflichen Vorgänge möglich wird.

Es geht deshalb um die Dokumentation des kurzen Lebens eines Mannes, der plötzlich Ende des Krieges nicht mehr auffindbar war, um den Vater meiner Ehefrau Inge, geb. Sommer, einen Mann namens **Albert Sommer**.

Natürlich gab es viele Menschen am Ende des Zweiten Weltkrieges, deren Schicksal ungeklärt blieb.
Der Staat, Institutionen und Verbände haben enorme Aufklärungsarbeit in finanzieller und materieller Form geleistet. Nur **eine Gruppe** ist dabei förmlich auf der Strecke geblieben, die Bürger und vor allen Dingen **die** deutschen Soldaten, die mit dem nationalsozialistischen Regime und dem Krieg bewußt oder auch unbewußt nicht einverstanden waren, und die ihren Widerstand durch Äußerungen oder Taten zum Ausdruck brachten.

10

Nein, ich meine nicht die allseits bekannten und oft zitierten Gruppen um Stauffenberg, die Weiße Rose oder die Rote Kapelle.

Ich meine die ganz normalen Soldaten, die wegen ihres Widerstandes verurteilt und entweder erschossen, ermordet oder in Zwangsarbeitslagern unter KZ-ähnlichen Zuständen „weggesperrt" wurden, weil das Regime in **jedem** vermeintlichen Widerstand eine Gefahr sah.

Von den ursprünglich wahrscheinlich weit mehr als 1.000.000 Kriegsgerichtsurteilen sind „nur" noch 180.000 Akten mit einer Gesamtlänge von 926 m vorhanden, gelagert und immer noch nicht ausgewertet im Militärarchiv in Freiburg.[1]

Einer von Ihnen war **A l b e r t S o m m e r**.

Abb. 1

[1] Wüllner, Fritz/Ausländer, Fietje: Aussonderung und Ausmerzung im Dienste der „Manneszucht", in: Verräter oder Vorbilder? Deserteure und ungehorsame Soldaten im Nationalsozialismus. /hrsg. von Fietje Ausländer. Bremen 1990, S. 68. Wette, Wolfram: Sachverständigenstellungnahme im Rechtsausschuß des Deutschen Bundestages am 5.5.2008, ohne URL, S. 2.

Das Sonntagskind

Wer hat eigentlich das Märchen in die Welt gesetzt, daß Sonntagskinder auch Glückskinder sind?

Albert Sommer ist solch ein „Sonntagskind".
Als dritter Junge wird er am Sonntag, 2. Juni 1918, morgens um 7.30 Uhr in der Turmstraße 2 in Osnabrück geboren.

Abb. 2

Hineingeboren in eine typische Familie der Kaiserzeit. Der Vater Wilhelm Sommer ist ein eher wortkarger Mensch, der als Malermeister (und Kunstmaler) gut für seine Familie sorgt, und die Mutter Hulda kümmert sich liebevoll um die Kinder und den Haushalt. Der Vater ist katholisch, die Mutter evangelisch-lutherisch. Eine kirchliche Trauung ist zu der Zeit undenkbar. Die Kinder werden katholisch getauft.

Abb. 3: Die Familie Sommer um 1920.

Deutschland befindet sich in dem Krieg, der später der 1. Weltkrieg genannt wird. Bereits über dreieinhalb Jahre werden die Soldaten an den verschiedensten Fronten verschlissen. Die Verluste sind auf allen Seiten der kriegsbeteiligten Staaten enorm. Von großen Schlachten und neuen Landgewinnen ist schon seit geraumer Zeit keine Rede mehr. Vielmehr zerreiben sich die Kriegsparteien in sinnlosen Stellungskriegen.

Das Volk hungert. Der vorletzte Winter 1916/17, der in die Geschichte als „Steckrübenwinter" eingehen wird, hat Hunderttausenden das Leben gekostet. Die Gesamtzahl der Hungertoten von 1914 – 1918 wird sich auf 800.000 Opfer belaufen.

Nur fünf Monate nach der Geburt von **Albert Sommer** führen Streiks, Meutereien und revolutionäre Aufstände im Deutschen Reich dazu, daß Kaiser Wilhelm II. am 9.11.1918 abdankt. Die Republik wird ausgerufen, und der Kaiser flüchtet nach Holland ins Exil, um seiner Auslieferung an die Alliierten als Kriegsverbrecher zu entgehen. An diesem Verhalten hat sich bis heute bei anderen verbrecherischen Staatsmännern wenig geändert.
Zwei Tage später wird der Waffenstillstand vereinbart. Und das Volk verwandelt seine „Hurra-Rufe" für den bisherigen Regenten in einen überschwenglichen Jubel.

Abb. 4 u. 5: So sieht das Volk die Flucht der Kaiserfamilie.

Millionen geschundener, Verwundeter und psychisch kranker Soldaten strömen aus den Kampfgebieten in ihre Heimat zurück. Zurück in ein Leben ohne Perspektive und in einen Staat, der jetzt eine parlamentarische Republik ist, **die erste deutsche Demokratie**. In dem Troß der heimkehrenden Soldaten befindet sich auch der 29-jährige Gefreite Adolf Hitler, der dieser Republik kein langes Leben bescheren und Deutschland erneut ins Verderben stürzen wird.

Jugendzeit

Über die Jugendzeit von **Albert Sommer** ist recht wenig bekannt. Da aber jeder ein „Kind seiner Zeit" ist, müssen wir uns diese Zeit zumindest in Kurzform in Erinnerung rufen.
Albert lebt in dem Zeitabschnitt des Deutschen Reiches, welches erst viel später zur Unterscheidung des „Kaiserreiches" und des so genannten „Dritten Reiches" die „Weimarer Republik" genannt wird.

Mit dem Ausruf einer demokratischen Republik ist es nicht getan. Es müssen Regeln geschaffen werden. Der Zeitraum bis zur Erarbeitung und Verabschiedung der neuen „Verfassung des Deutschen Reiches" ist geprägt von erbitterten Auseinandersetzungen der Gegner und Befürworter einer parlamentarischen Demokratie. So plant zum Beispiel Konrad Adenauer als Oberbürgermeister von Köln mit den Amtskollegen der rheinischen Städte eine Abkoppelung des Rheinlandes von dem überwiegend evangelischen Preußen durch die Bildung einer „Westdeutschen Republik". Der Vorstoß bleibt - auch in den Folgejahren- erfolglos. Als endlich am 14.8.1919 die neue „Verfassung des Deutschen

Reiches" in Kraft tritt, ist Deutschland zwar eine „Republik", aber wo sind die „Demokraten"?
Das Volk scheint den Artikel 1 „Die Staatsgewalt geht vom Volke aus" allzu wörtlich zu nehmen. Es entstehen epidemisch ungezählte paramilitärische Wehr- und Kampfverbände. Streng hierarchisch gegliedert, gut organisiert in Ortsgruppen, Kreisgruppen und Gaue, alle uniformiert und bewaffnet, und natürlich jede Gruppe mit den Ideen und Ideologien, die allein selig machend für das deutsche Volk sein sollen.
Und so tummeln sich in dieser Zeit des Deutschen Reiches Millionen Mitglieder in Parteien und Verbänden mit fantasievollen Bezeichnungen wie z.b.

Reichsbanner Schwarz-Rot-Gold
Stahlhelm, Bund der Frontsoldaten
Roter Frontkämpferbund
Nationalsozialistische Deutsche Arbeiterpartei
Kampfbund für deutsche Kultur

Die einen reißen zackig mit geballter Faust ihren rechten Unterarm bis auf Kopfhöhe hoch und schreien „Rot-Front", die anderen strecken den Arm auf Augenhöhe aus und brüllen „Sieg Heil". Die politischen Versammlungen werden durch Saalschlachten der rivalisierenden Gruppen gestört und können oft nur unter bewaffnetem Saalschutz stattfinden.

Das Volk ächzt unter den aufgebürdeten Lasten der Siegermächte, der Volkszorn wächst bei der militärischen Besetzung des Rheinlandes und der Haß wird enorm gesteigert, als die Alliierten 1923 auch noch in das Ruhrgebiet einmarschieren. Das Geld hat keine Kaufkraft mehr, die Inflation erreicht im November 1923 ihren Höhepunkt. Durch die Währungsreform stehen 62 Millionen Deutsche vor dem Nichts. Deutschland steht am Rande eines Bürgerkrieges.

16

Bei linken und rechten Gruppierungen kommt es zu Aufmärschen, und der ehemalige Gefreite aus dem Soldatentreck 1918, Adolf Hitler, unternimmt in München mit seiner Sturmabteilung (SA) einen Putschversuch, der blutig niedergeschlagen wird.

Nach den Wirren dieser Zeit wird **Albert Sommer** im April 1925 eingeschult. Über seine Schulzeit ist leider nichts bekannt. Deshalb läßt sich auch keine Aussage darüber machen, ob Albert eine der bis 1918 nahezu im gesamten Reichsgebiet gültigen Konfessionsschulen oder eine weltliche Einheitsschule in Osnabrück besucht.

Abb. 6: Wahlplakat von 1925 [2]

Fest steht allerdings, daß die Schulpflicht acht Jahre dauert und in dieser Zeit, im Gegensatz zu heute, die Klassen beginnend mit der Einschulungsklasse VIII bis hin zur Entlassklasse I durchlaufen werden.

Im Hause Sommer gibt es 1923 und 1926 Nachwuchs, die erste Schwester und einen weiteren Bruder für Albert und die anderen Geschwister.

Abb. 7: Albert Sommer mit dem Vater und den
beiden jüngeren Geschwistern um 1928.

Bis zum Beginn der Weltwirtschaftskrise durch den „Schwarzen Freitag" an der New Yorker Börse am 25.10.1929 herrscht in Deutschland eine relative Ruhe. Jetzt aber werden die Auslandskredite aus Deutschland zurückgerufen. Der Wirtschaftsaufbau bricht in sich zusammen. Die hohen Arbeitslosenzahlen, das sind

Ende 1931 fast 6 Millionen Menschen, rund 30% der erwerbsfähigen Bevölkerung, führen zu einer Verelendung breiter Bevölkerungsschichten, und zu allem Überfluß kommen keine parlamentarischen Mehrheiten für eine arbeitsfähige Regierung zustande. Deutschland wird überwiegend durch Notverordnungen regiert, die sich oft zu leichtfertig auf Artikel 48 der „Weimarer Verfassung" stützen.

Bereits bei den drei letzten Regierungen unter Brüning, von Papen und von Schleicher handelt es sich schon um eine Präsidialdiktatur. Also ein gedeckter Tisch für die NSDAP, die bei der Reichstagswahl (am 6.11.1932) 33% der Stimmen erhalten hat, und deren langjähriger Parteichef Adolf Hitler durch den 20. Kabinettwechsel in 14 Jahren vom Reichspräsidenten von Hindenburg am 30.1.1933 die Regierungsmacht **übertragen** bekommt. Er wird zum Reichskanzler ernannt, und sein Amtseid „zum Wohle des Volkes" ist um 11.20 Uhr ein Meineid.

Bereits am 24.3.1933 wird das 4. Ermächtigungsgesetz „Zur Behebung der Not von Volk und Reich" mit der erforderlichen Zweidrittel-Mehrheit des Reichstages beschlossen. Unter ihnen stimmt ein Reichstagsabgeordneter auch mit „JA", der 16 Jahre später unser 1. Bundespräsident sein wird, Theodor Heuss.

Jeder weiß, daß durch dieses Gesetz ein Diktator auf Zeit geboren wird, und so begrenzt man das Gesetz vorsichtshalber auf eine Laufzeit von 4 Jahren bis zum 1.4.1937. Die Diktatur ist jetzt endgültig im wahrsten Sinne des Wortes „beschlossene Sache", nur daß sie dreimal solange dauern wird wie geplant.

Mit diesem Monat März 1933 endet nicht nur die „Weimarer Zeit" sondern auch die Schulzeit von **Albert Sommer**. Er gehört sicher dem letzten Schuljahrgang an, dem bei der Aushändigung des Abschlußzeugnisses auch „Die Verfassung des Deutschen Reiches" überreicht wird.

Die Verfassung
des Deutschen Reichs

Vom 11. August 1919

Den Schülern
und Schülerinnen
zur Schulentlassung

Die Änderungen bis zum 1. Oktober 1927 sind berücksichtigt

Verlag der Reichsdruckerei

Abb. 8: Die Verfassung des Deutschen Reiches (sog. „Weimarer Verfassung")
zur Schulentlassung 1933.

Erwachsenwerden

Am 16.8.1933 beginnt für **Albert Sommer** das, was man allgemein unter „Ernst des Lebens" versteht.
Zwei Monate nach seinem 15. Geburtstag hat er trotz hoher Arbeitslosigkeit das Glück, mit einer Berufstätigkeit bei der Fa. Hammersen A.G., zu der Zeit der größte Baumwollkonzern in Europa, anfangen zu können. Die oft zitierte Vollbeschäftigung in der Zeit des „Dritten Reiches" läßt noch auf sich warten. Ein Jahr später wechselt er zu den Osnabrücker Kupfer- und Drahtwerken. Hier erhält er eine Fachausbildung zum Scherenarbeiter und eine Ausbildung zum Kranfahrer.

1938 begegnet ihm Magda Kelterborn, eine examinierte Kinderpflegerin. Sie lernen sich kennen und lieben und verloben sich am 1.1.1939.

Abb. 9: Magda Kelterborn
1938

Abb. 10: Ehering mit Initialen
A.S. 1.1.1939

Beide können zu diesem Zeitpunkt nicht ahnen, daß ihr gerade beginnendes gemeinsames Glück nur ziemlich genau elf Monate dauern soll.

Um das zu begreifen, müssen wir uns noch einmal zurückschauend fragen: "Was ist denn in den nicht einmal sechs Jahren von 1933 – 1939 in Deutschland geschehen?".

Sofort nach der Machtübertragung an Hitler beginnt der Aufbau eines Terrorstaates. Die jetzt entstandene Diktatur des Deutschen Reiches vergewaltigt das schon lange Zeit bestehende Instrument der „Schutzhaft" durch rechtswidrige und brutale Inhaftierungen von Tausenden politischen und anderen zivilen Gegnern.[3] Die große Menschenjagd auf Kommunisten, Zentrumsangehörige, Sozialdemokraten und sonstige „Verdächtige" hat seinen Anfang genommen.

Erste provisorische Konzentrationslager, „KL", wie sie im amtlichen Sprachgebrauch der Nationalsozialisten heißen, entstehen in Kellern, Werken und Werfthallen. Entweder in der Hand der paramilitärischen Verbände der Schutzstaffel (SS) oder der Sturmabteilung (SA).

Die Gefangenen werden bestialisch gefoltert und gequält. So werden zum Beispiel in einem Lager bei Potsdam-Bornum einige Gefangene mit Hilfe eines umgekehrt aufgestellten Motorrades, auf dessen sausende Räder man sie gesetzt hat, entmannt.[4]

---

[3] Kosthorst, Erich/Walter, Bernd: Konzentrations- und Strafgefangenenlager im Dritten Reich, Beispiel Emsland, Zusatzteil Kriegsgefangenenlager, Dokumentation und Analyse zum Verhältnis von NS-Regime und Justiz. Mit historisch – kritischen Einführungstexten sowie statistisch-quantitativen Erhebungen und Auswertungen zum Strafvollzug in Arbeitslagern. Düsseldorf 1983, Band 1, S. 65
[4] Diels, Rudolf: Lucifer Ante Portas, Zürich 1949, S. 192.

Als Hitler auf grausamste Mißhandlungen in einem Konzentrationslager in den leeren Maschinenhallen der Vulkanwerft in Stettin und ähnliche Vorkommnisse im Herbst 1933 aufmerksam gemacht wird, bekommt er einen Tobsuchtsanfall und erklärt dann:

„Lächerlich, [...] haben Sie gesehen, wie die Masse zusammenströmt, wenn sich zwei auf offener Straße prügeln? **Grausamkeit imponiert.** *Grausamkeit und rohe Kraft. Der einfache Mann auf der Straße läßt sich nur von brutaler Kraft und Rücksichtslosigkeit imponieren. Die Frauen übrigens auch, Frauen und Kinder. Die Leute brauchen den heilsamen Schrekken. Sie wollen sich vor etwas fürchten. Sie wollen, daß man Ihnen bange macht und daß sie sich jemandem schauernd unterwerfen. Haben Sie nicht überall die Erfahrung gemacht nach Saalschlachten, daß sich die Verprügelten am ersten als neue Mitglieder bei der Partei melden? Was schwatzen Sie da von Grausamkeit und entrüsten sich über Qualen. Die Masse will das. Sie braucht etwas zum Grauen. [...] Ich verbiete, daß etwas geschieht. Meinetwegen soll man ein paar Leute bestrafen, damit diese deutschnationalen Esel beruhigt sind.* **Aber ich will nicht, daß man aus den Konzentrationslagern Pensionsanstalten macht. Der Terror ist das wirksamste politische Mittel.** *Ich werde mich nicht eines solchen berauben, nur weil es diesen einfältigen bürgerlichen Waschlappen einfällt, daran Anstoß zu nehmen. Es ist meine Pflicht,* **jedes** *Mittel anzuwenden, um das deutsche Volk zur Härte zu erziehen und auf den Krieg vorzubereiten. [...]* **Diese sogenannten Greuel ersparen mir hunderttausende von Einzelaktionen gegen Aufsässige und Unzufriedene. Es wird sich schon jeder überlegen, etwas gegen uns zu tun, wenn er erfährt, was ihm im Lager bevorsteht. [...] Wer eine solche Memme ist, daß er es nicht aushält, wenn neben ihm einer Schmerzen auszuhalten hat, der soll zu**

23

den Betschwestern gehen, aber nicht zu meinen Parteigenossen. "[5] [6]

Diese Aussagen von Herbst 1933 verdeutlichen in herausragender Weise die gesamte Handlungsgrundlage der nationalsozialistischen Diktatur. Der Terror ist **politisch gewollt**. Er ist **das** Herrschaftsmittel des „Dritten Reiches".

Es ist auch die Richtschnur für alle künftigen gesetzlichen Regelungen und führt zu den absurdesten Pervertierungen des deutschen Rechts.

Zur Unterbringung der Gefangenen wird das schon in der Schlußphase der „Weimarer Republik" entwickelte *„Konzept zur Isolierung von Staatsfeinden in Lagern mit (stromführender) Umzäunung"* 1933 durch den Bau der Konzentrationslager Börgermoor, Neusustrum und Esterwegen im Notstandsgebiet Emsland, dem Armenhaus Deutschlands, umgesetzt. [7]

Wie es um diese Region bestellt ist, geht aus dem Schreiben des kommissarischen NSDAP-Bürgermeisters Janssen aus Papenburg vom 19. Juni 1933 hervor, welches er „auf dem kurzen Dienstweg" dem Leiter des preußischen Kulturbauamtes in Papenburg zuleitet, der es noch am gleichen Tag mit Umsetzungsvorschlägen dem Ministerium weiterleitet:

---

[5] Rauschning, Hermann: Gespräche mit Hitler. Zürich 1940, 2. Auflage Wien 1988, S. 81f.
[6] Hervorhebungen durch Verfasser I. und H.P.
[7] Kosthorst/ Walter: a.a.O. 1983, S. 65.

Die Notlage der städt. Bevölkerung ist
schon seit Jahren hier besonders gross. Während bis
vor einigen Jahren ein grosser Teil der hiesigen
Arbeiterschaft auf den Fabriken und Werften lohnen-
de Beschäftigung hatte, sind diese seit der Still-
legung der Betriebe im Jahre 1929/30 nur auf die
geringen Bezüge ihrer Unterstützungen aus öfftl.
Mitteln angewiesen. Rund 2/5. der gesamten Bevölker-
ung muss aus öfftl. Mitteln unterhalten werden. Die
Notlage der städt. Bevölkerung wirkte sich noch da-
durch besonders aus, dass die Stadt infolge ihrer
schon seit Jahren äusserst angespannten Finanzlage
nicht in der Lage ist, zusätzliche Unterstützngen
zu gewähren. Um den sogn. A Bedarf decken zu können,
ist die Stadt schon seit Jahren auf die Gewährung
von mon. Beihilfen aus dem Preuss.Ausgleichsfonds
angewiesen. Die äusserst starke Anspannung der städt
Finanzen hat es deshalb auch bislang unmöglich ge-
macht, grösere Arbeiten in Angriff zu nehmen, um auf
diese Weise dem grössten Teil der arbeitslosen Be-
völkerung wieder lohnbringende Beschäftigung zu ge-
ben. Wir würden es deshalb besonders begrüssen, wenn
bei der Errichtung und Einrichtung der Internierungs-
lager die arbeitslose Bevölkerung Beschäftigung fin-
den könnte. Im Interesse der notleidenden arbeitslo-
sen Bevölkerung sowohl als auch im Interesse der
Herabsetzung des äusserst hohen städt. Fürsorgebe-
bunden darfs bitten wir nochmals dringend, alles zu
versuchen, dass unserer arbeitslosen Bevölkerung
durch die Errichtung und Einrichtung der Internier-
ungslager Verdienstmöglichkeiten verschafft werden.

8

Abb. 11

---

[8] Abb. 11-13 Niedersächsisches Landesarchiv – Staatsarchiv – Osnabrück, Rep 430 Dez 502 acc 11/63 Nr. 2.

Preußisches Kulturamt
in Papenburg.

Papenburg/Ems, den .... 19. Juni. 193³.
Fernsprecher Nr.217.

Gesch.Nr. ....

Aktz.: ....

(Gesch.Nr. und Aktenz. bei
Beantwortung bitte angeben).
Ko/Sa.

Sehr geehrter Herr Schubortz,

wegen der Übertragung der Herstellung der
Baracken an papenburger Handwerker habe ich die anlie=
gende Bitte an Herrn Ministerialrat Scheidel gerich=
tet. Auch Sie möchte ich bitten, falls die Herstellung
der Wäsche für die Internierungslager vergeben werden
muß, sich dieserhalb an die Stadt Papenburg denken zu
wollen.

Das Emsland ist seit Jahren als Notstands=
gebiet erklärt worden; gerade unter der Arbeiterbevöl=
kerung ist jetzt ein Elend festgestellt worden, daß
kaum von Großstädten übertroffen werden wird.

Unter Anleitung und Aufsicht von stellen=
losen Gewerbeoberlehrerinnen habe ich von arbeitslo=
sen Mädchen und Frauen durch den freiwilligen Arbeits=
dienst derzeit die Bettwäsche nähen lassen. Die er=
forderlichen Stoffe wurden im Großen von den Weberei=
en bei Nordhorn usw. bezogen. Ich weiß, daß für das
erste Lager Eile geboten ist und daß für dieses Lager
möglichst schon fertige Wäsche beschafft werden muß.
Ich glaube aber, daß für den weiteren Bedarf, insbe=
sondere für das 2. Lager die Möglichkeit vorhanden ist,
hier durch Heimarbeit oder auch durch Zusammenfassen
der Näherinnen in stadtseitig bereitgestellten großen

Arbeits=

Abb. 12

26

Arbeitsräumen unter gehöriger Aufsicht rechtzeitig
die erforderlichen Bettausrüstungen hergestellt werden
können. Die Organisation würde ich, falls auf meine
Bitte eingegangen werden kann, gern übernehmen, denn
die Steuerung der Not in der Arbeiterbevölkerung ist
hier ein dringendes Gebot der Stunde.

Mit vorzüglicher Hochachtung.

gez. Kornhardt.

Abb. 13

27

Abb. 14: NSDAP - Bürgermeister Richard Janssen von Papenburg
nach der offiziellen Amtseinführung im Oktober 1933. [9]

In kürzester Zeit entstehen die 15 Emslandlager, und in Deutschland kursiert hinter vorgehaltener Hand der Spruch: **„Fall bloß
nicht auf, halt den Mund, sonst gehst Du ab nach Börgermoor!"**

Und es entsteht bereits 1933 noch etwas, eine Wortschöpfung,
die heute die besten Chancen hätte, zum Unwort des Jahres ge-

---

[9] Eissing, Uwe: Richard Janssen. Nationalsozialist und Bürgermeister von
Papenburg 1933-1945, Papenburg 1992, o. S. [nach S. 50] .

wählt zu werden. Nach der nationalsozialistischen Terminologie heißt dieses Wort „ **Gleichschaltung**".
Ein Wort, dem gravierende Taten folgen. Die Länder verlieren ihre Souveränität, sie werden mit dem Reich **gleichgeschaltet**. Ihnen folgen die Jugendorganisationen, der Deutsche Hochschulverband, der Deutsche Richterbund, der Deutsche Beamtenbund und viele mehr. Die braune Ideologie soll auf die Gehirne übertragen werden. Ziel ist der Verlust der individuellen Persönlichkeit.
Aber, wie wir noch erfahren werden, wollen viele, sehr viele Menschen ihre persönliche Identität und Einstellung nicht korrigieren lassen. Zu ihnen gehört auch **Albert Sommer.**

Für das System stellt das kein Problem dar:
Diese Menschen werden verurteilt, in Konzentrations- oder Strafgefangenenlager eingesperrt, gefoltert, gequält, wie der Abschaum der Menschheit behandelt und/oder ... „mit dem Tod gleichgeschaltet".

Die NSDAP hat Ende 1934 rd. 2,4 Millionen eingetragene Parteimitglieder, etwa 2,9% der deutschen Bevölkerung. Aber diese Zahl der auf **eigenen Antrag** nach einem **sehr stark reglementierten Aufnahmeverfahren** zugelassenen „Nazis" (so nennen sie sich selbst seit 1930 in Abgrenzung zu den „Sozis") reicht aus, um das Organisations- und Überwachungssystem des Diktaturregimes, vom Gauleiter über den Kreisleiter, den Ortsgruppenleiter bis hin zum Blockleiter (im Volksmund auch Blockwart oder Treppenhausterrier genannt), derart zu verdichten, daß kein „verdächtiger Staatsbürger" ungeschoren davonkommt. Die Partei wird dabei tatkräftig und nachhaltig unterstützt von der Sturmabteilung (SA), unter ihnen auch seit 1934 unser späterer Bundespräsident Karl Carstens im SA Sturmbann 5/75 und ab 1940 zusätzlich in der NSDAP. [10] [11]

Und weil jeder, der aufmuckt, die gnadenlose Härte des Systems zu spüren bekommt, hat heute niemand das Recht, zu behaupten: „Ihr seid selbst schuld, warum habt ihr Euch nicht gewehrt".

Durch diese ständige Überwachung und Verfolgung wurde zwar die Masse zu Mitläufern gemacht, aber die Lager sind trotzdem überfüllt mit Bürgern und Soldaten, die sich „gewehrt" haben; und die Friedhöfe und Gedenkstätten sprechen auch in unserer Zeit ihre eigene Sprache.

Die neuen „Herren" verlieren wahrlich keine Zeit. Als wesentlicher Bestandteil der nationalsozialistischen Politik und als wichtiger wirtschaftlicher und sozialer Faktor wird die Wehrmacht aufgerüstet. Für Hitler eine primäre Voraussetzung, um dem Deutschen Reich wieder die Großmachtstellung einzuräumen, die es vor dem 1. Weltkrieg innehatte.

Es gilt, mit aller Macht die diktatorische Regierung zu festigen, und es müssen Fakten geschaffen werden. Nämlich die Fakten und Handlungen, deren Entwicklung jeder aufmerksame Leser in Hitlers Kampf- und Propagandaschrift „Mein Kampf" ohne hellseherische Fähigkeiten voraussagen kann.

Eine erste bedeutende Plattform für die NSDAP bietet die nach dem Versailler Vertrag anstehende Volksabstimmung über den künftigen Rechtsstatus des nach dem 1. Weltkrieg abgetrennten Saarlandes als Mandatsgebiet des Völkerbundes.

Unter dem Propagandaminister Joseph Goebbels und der Losung „Deutsch ist die Saar, immerdar" sind die Kampagnen und Großkundgebungen für die Rückkehr des Saarlandes „heim ins

---

[10] Bundesarchiv. Abrufbar im Internet. URL:
http://www.bundesarchiv.de/oeffentlichkeitsarbeit/bilder_dokumente/0075/
index. PG - Zum Mitgliedschaftswesen der NSDAP. Stand 23.01.2013.
[11] Wikipedia. Abrufbar im Internet.
URL: http://de.wikipedia.org/wiki/Karl_Carstens. Stand: 25.1.2013.

Reich" so erfolgreich, daß sich 90,5% bei der Abstimmung am 13.1.1935 für den Anschluß an Deutschland entscheiden.[12] Eine fast eingefrorene Lohnpolitik, regulierte Preise und die zahlreichen staatlichen Beschäftigungsmaßnahmen stellen das Volk zufrieden. Die Arbeitslosenzahl wird bis 1939 auf rund 100.000 gesenkt, und die Sympathien für das trügerische NS-Regime wachsen in weiten Bevölkerungsschichten.

Bis 1938 sind die längerfristigen Kriegsvorbereitungen des NS-Regimes abgeschlossen. Eine waffenstarrende Wehrmacht stellt ein nicht zu übersehendes Machtpotential dar.

Jetzt gilt es, das zu verwirklichen, was die Alliierten im Versailler Vertrag untersagten, den Zusammenschluß Deutschlands und Österreichs.

In der „Einführung in die Reichsverfassung" von 1919 heißt es:

> „[...]Als Deutsche fühlen sich auch unsere Volkgenossen in Österreich. Ihnen hat der Machtanspruch der feindlichen Sieger die ersehnte Vereinigung mit dem deutschen Vaterlande versagt; aber wenn die deutsche Demokratie sich erhält und entfaltet, wird sich zusammenfinden was national zusammen gehört."[...]

Weder hat sich die Demokratie erhalten und entfaltet, noch findet freiwillig etwas zusammen. Hitler läßt die (Wehrmachts-) Muskeln spielen. Am 12.3.1938 gibt er den Befehl zum Einmarsch. Widerstand gibt es keinen, und die österreichischen Hilfsappelle an die europäischen Mächte verhallen ungehört.[13]

---

12 Deutsches Historisches Museum: Die Saarabstimmung 1935. Abrufbar im Internet. URL: http://dhm.de/lemo/nazi/aussenpolitik/saarabstimmung. Stand 30.1.2013.
13 Ebd.: Der Anschluß Österreichs. Abrufbar im Internet. URL: http://dhm.de./lemo/nazi/aussenpolitik/anschlussoesterreich. Stand: 30.1.2013.

Nach dieser geglückten „Generalprobe" folgen am 1.10.1938 die Besetzung des Sudetengebietes und am 16.3.1939 durch einen Bruch des Münchner Abkommens die „Zerschlagung der Resttschechei".

Und die Welt schaut immer noch zu. Nein, das ist nicht ganz richtig. Großbritannien und Frankreich schließen mit Polen am 31.3.1939 einen Beistandspakt, beide Staaten wollen der europäischen Macht, die Polen angreift, den Krieg erklären.

Am 1.9.1939 ist es dann soweit, um dieses Bündnis auf die Probe zu stellen. Hitler beginnt einen Angriffskrieg auf Polen. Es wird auf deutscher Seite ein „Blitzkrieg" und bei den polnischen Verbündeten Großbritannien und Frankreich ein „Sitzkrieg". Sie erklären zwar Deutschland den Krieg, aber weitere Aktionen unterbleiben oder sind nicht erwähnenswert.

Die Polen nennen es noch heute den „Verrat des Westens" und Generaloberst Jodl wird bei den Nürnberger Prozessen sagen:

> *„Das wir nicht bereits 1939 gescheitert sind, war nur dem Umstand zu verdanken, daß während des Polenfeldzuges die schätzungsweise 110 französischen und britischen Divisionen im Westen komplett inaktiv gegen die deutschen 23 Divisionen gehalten wurden."* [14]

Erst mit Beginn des Westfeldzuges der Deutschen Wehrmacht am 10.5.1940 werden Großbritannien und Frankreich aus der „sitzenden" Position herausgerissen.

---

[14] Abrufbar im Internet. URL: http://de.wikipedia.or/wiki/sitzkrieg. Verweis auf Military Resources Nuremberg, S.350. Stand 30.1.2013.

Kriegsdienst

Hitler hat mehr vor. Die Zahl der Einberufungen nimmt ständig zu. Im Dezember 1939 erhält auch der 21-jährige **Albert Sommer** seinen „Gestellungsbefehl". Er hat seinen Wehrdienst am 5.12.1939 bei der 3. Batterie. 1. Art. Ers. Abt. 217 in Allenstein in Ostpreußen anzutreten.

Sein Arbeitsverhältnis endet ab Montag, den 4.12.1939. Die noch vorliegende letzte Lohnabrechnung für den 1. und 2. Dezember 1939 gewährt uns einen kleinen Einblick in die Arbeitszeit (Freitag und Samstag 16 Stunden) und den Arbeitslohn (63 Pfg. je Stunde).

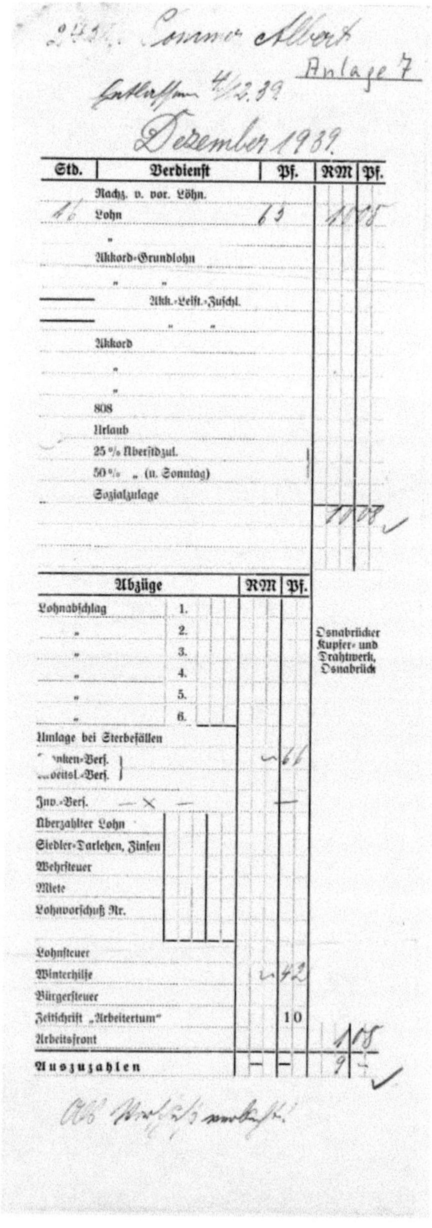

Sommer Albert

Anlage 7

Dezember 1939

Stb.	Verdienst	Pf.	RM	Pf.
	Nachz. v. vor. Löhn.			
	Lohn	63		
	"			
	Akkord-Grundlohn			
	" "			
	Akk.-Leift.-Zuschl.			
	" "			
	Akkord			
	"			
	"			
	808			
	Urlaub			
	25 % Überstdzul.			
	50 % " (u. Sonntag)			
	Sozialzulage			

Abzüge			RM	Pf.
Lohnabschlag	1.			
"	2.			
"	3.			
"	4.			
"	5.			
"	6.			
Umlage bei Sterbefällen				
..nken-Verf. }				
..erital-Verf. }				
Inv.-Verf.	—X—			
Überzahlter Lohn				
Siedler-Darlehen, Zinsen				
Wehrsteuer				
Miete				
Lohnvorschuß Nr.				
Lohnsteuer				
Winterhilfe				
Bürgersteuer				
Zeitschrift „Arbeitertum"			10	
Arbeitsfront				
Auszuzahlen				

Osnabrücker
Kupfer- und
Drahtwerk,
Osnabrück

Abb. 15

34

Um pünktlich am 5.12.1939 bei der Einheit zu sein, wird er sich schon am Sonntag von seiner Familie und seiner Verlobten am Bahnhof in Osnabrück verabschiedet haben. Immerhin liegt eine Zugstrecke von rd. 1000 km vor ihm.

Magda Kelterborn meldet ihn am 8.12.1939 bei der polizeilichen Meldebehörde in der Osnabrücker Altstadt gegen eine Gebühr von 10 Pfg. ab.

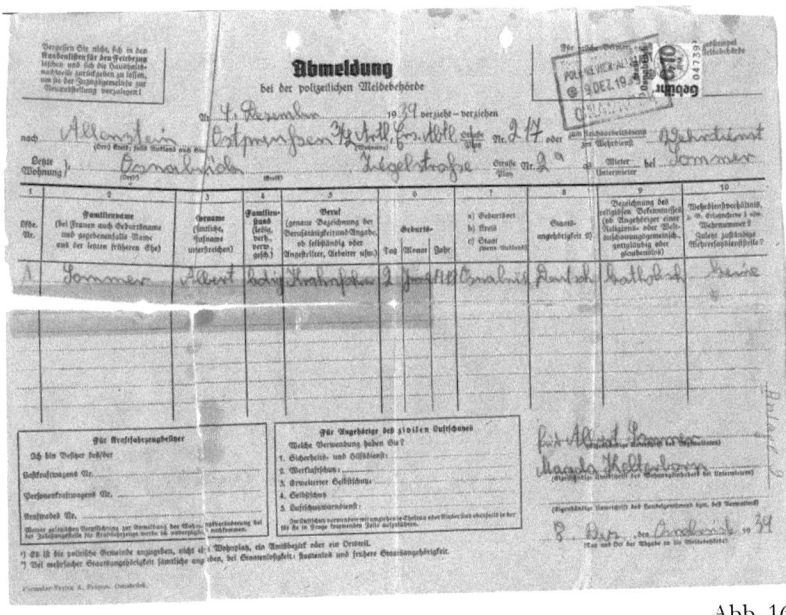

Abb. 16

An dieser Stelle muß ich erwähnen, daß die vielen noch folgenden Einzelfakten zu **Albert Sommer** nur durch hartnäckige, unermüdliche Nachforschungen, die sich in gewissen zeitlichen Abständen sogar oft auf dieselben Archive bezogen, erreicht werden konnten.

Erst 60 Jahre nach dem Kriegsende werden uns Unterlagen zur Verfügung gestellt, die es ermöglichen, das Schicksal des **Albert Sommer** aufzuklären.

Zu diesen Unterlagen gehört auch das Soldbuch, das dem Soldaten gleichzeitig als Personalausweis dient und immer „am Mann" zu tragen ist. Die Tochter Inge bekommt es im Jahre 2013 als einziges Erinnerungsstück an die Soldatenzeit ihres Vaters aus dem Effektennachlaß ausgehändigt. Ein kostbarer, wenn auch schmerzlicher Schatz, der zumindest das Äußere eines Menschen beschreibt, den sie nie kennengelernt hat.

Abb. 17

37

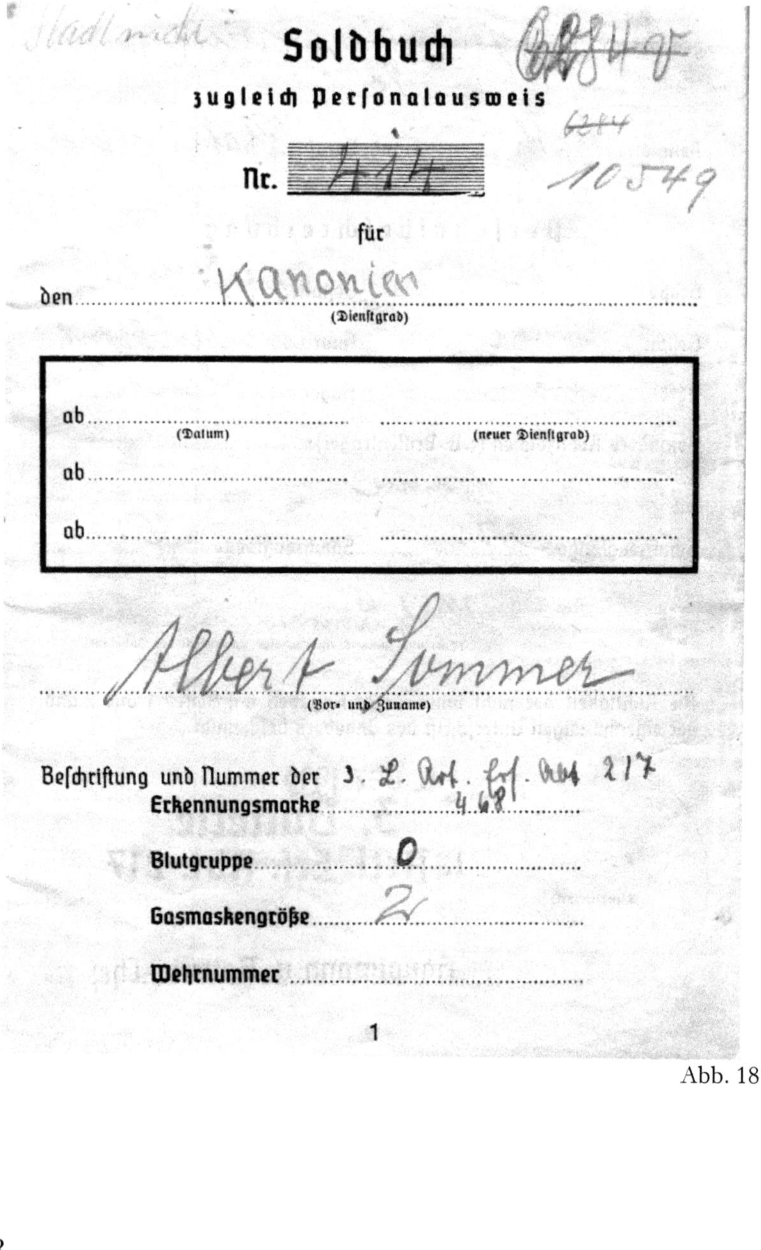

Soldbuch

zugleich Personalausweis

Nr. 414 ~~6244~~ 10549

für

den Kanonier
(Dienstgrad)

ab	....	....
	(Datum)	(neuer Dienstgrad)
ab	....	....
ab	....	....

Albert Sommer
(Vor- und Zuname)

Beschriftung und Nummer der Erkennungsmarke 3. L. Art. Ers. Abt. 217 468

Blutgruppe 0

Gasmaskengröße 2

Wehrnummer ....

1

Abb. 18

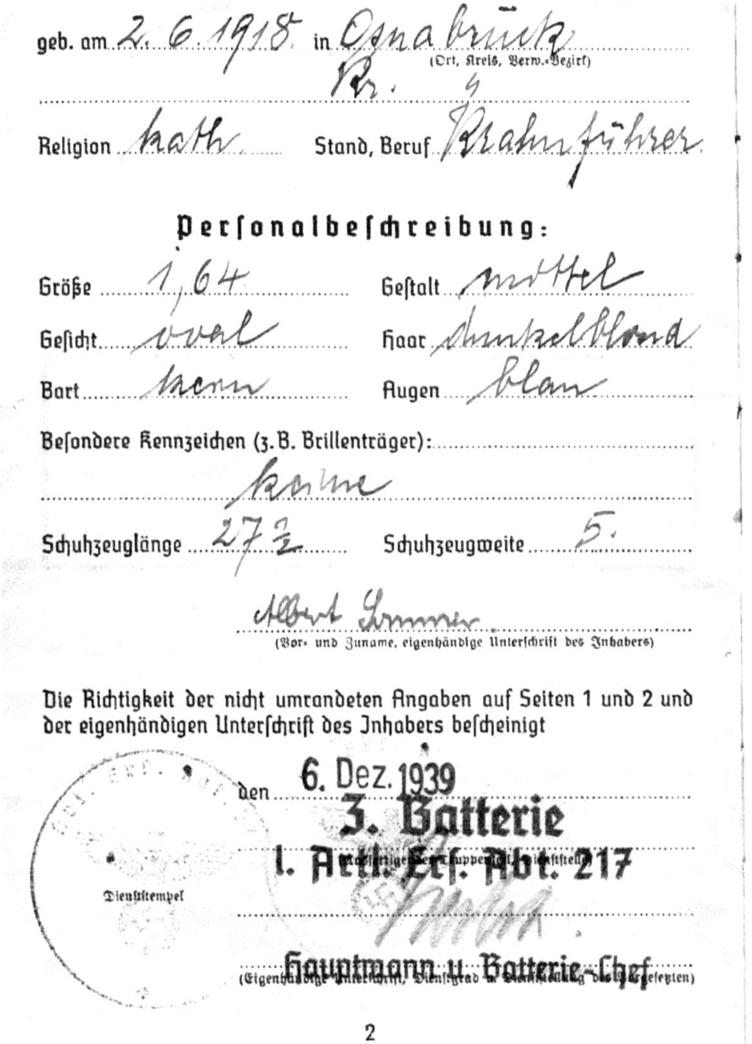
geb. am 2. 6. 1918 in Osnabrück
(Ort, Kreis, Verw.-Bezirk)
Kr. 4

Religion kath. Stand, Beruf Kranführer

Personalbeschreibung:

Größe 1,64 Gestalt mittel

Gesicht oval Haar dunkelblond

Bart keine Augen blau

Besondere Kennzeichen (z. B. Brillenträger):
keine

Schuhzeuglänge 27 1/2 Schuhzeugweite 5.

Albert Sommer
(Vor- und Zuname, eigenhändige Unterschrift des Inhabers)

Die Richtigkeit der nicht umrandeten Angaben auf Seiten 1 und 2 und der eigenhändigen Unterschrift des Inhabers bescheinigt

Dienststempel

den 6. Dez. 1939

3. Batterie
I. Artl. Ers. Abt. 217
(Ausfertigende Truppenteil, Dienststelle)

Hauptmann u. Batterie-Chef
(Eigenhändige Unterschrift, Dienstgrad u. Dienststellung des Vorgesetzten)

2

Abb. 19

Noch einmal sieht **Albert Sommer** seine Magda und die Familie wieder. Für die Hochzeit am 16.12.1939 erhält er vom 12.12.1939 bis zum 18.12.1939 Hochzeitsurlaub. Alles streng geregelt und überwacht. Vom Hauptmann und Batterie-Chef genehmigt, beim Standortältesten in Osnabrück gemeldet, selbst eine Zugverspätung wird bescheinigt.

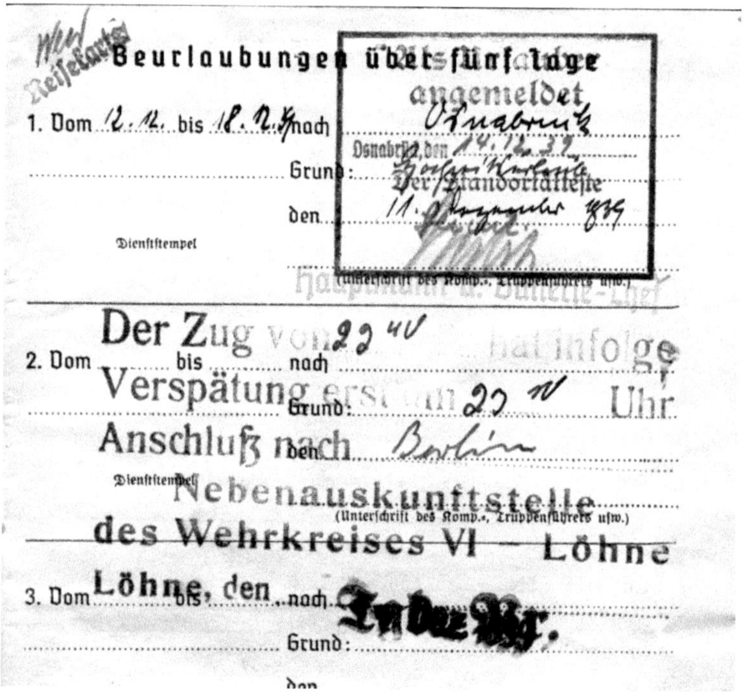
Beurlaubungen über fünf Tage
1. Vom 12.12. bis 18.12.39 nach Osnabrück
angemeldet Osnabrück, den 14.12.39
Der Standortälteste
Grund:
den 11. Dezember 1939
Dienststempel
(Unterschrift des Komp.-, Truppenführers usw.)
2. Vom bis nach
Der Zug von 22 40 hat infolge Verspätung erst um 23 10 Uhr Anschluß nach Berlin
Grund:
den
Dienststempel
Nebenauskunftstelle des Wehrkreises VI – Löhne
(Unterschrift des Komp.-, Truppenführers usw.)
Löhne, den
3. Vom bis nach
Grund:
den

Abb. 20

Seine Ausbildung in der Hindenburgkaserne verläuft ohne besondere Aufzeichnungen.

Abb. 21: **Albert Sommer** am 1. Januar 1940 vor dem
Kriegerdenkmal in Allenstein.

„Für meine liebe Frau Magda zur Erinnerung
an den großen Krieg 1939
von Albert"

Ebenfalls 60 Jahre nach Kriegsende teilt die Deutsche Dienststelle (Wehrmachtauskunftstelle) in Berlin auf die inzwischen **vierte** Anfrage den weiteren Lebenslauf des Kanoniers Albert Sommer „aus sonstigem Schriftgut" von Februar 1940 bis Juni 1942 mit. Es ist für mich nicht nachvollziehbar, warum diese Auskunft nicht schon Jahrzehnte vorher gegeben werden konnte.

Im Februar 1940 kommt es zu einer ersten Konfrontation zwischen der Gedankenwelt des **Albert Sommer** und den Regeln des NS-Reiches, und am 28. Februar 1940 wird er in das Wehrmachtstrafgefängnis der Festung Graudenz, am Ufer der Weichsel, eingeliefert.

Abb. 22: Aufnahme der Festung Graudenz
aus dem Jahre 2007. [15]

[15] Foto von Alex Kazakhov. URL: http://commons.wikimedia.org/ 3.6.2013.

Ein Grund für die Inhaftierung ist nicht eingetragen, und so können wir nur vermuten, daß er schon jetzt etwas gesagt oder getan hat, was letztendlich 1942 zu seiner Verurteilung führen wird.

Aus anderen vergleichbaren Schicksalen ist bekannt, was nun auf **Albert Sommer** zukommt. Auch für ihn beginnt jetzt eine Odyssee durch Wehrmachtstrafgefängnisse und Wehrmachtgefangenenabteilungen bis hin zu den Militärstrafgefangenenlagern im Emsland. [16]

Er hat die geforderte bedingungslose Unterwerfung des einzelnen Soldaten unter die Strukturen des NS-Systems in irgendeiner Form verweigert. **Albert Sommer** „funktioniert" nicht mehr im allgegenwärtigen Zwangssystem. Im Interesse des zu dieser Zeit vorherrschenden obersten Grundsatzes der „Manneszucht", wird er daher einer unerbittlichen und in den Details grausamen und menschenunwürdigen Bestrafung unterzogen. [17]

Bereits am 2.April 1940 wird er in das Reservelazarett Graudenz zur stationären Behandlung eingewiesen. Der Grund lautet in schlichter Form: Nieren, hysterische Reaktion.

Eigentlich wollen wir uns gar nicht vorstellen, ob Prügel, Stockhiebe oder andere züchtigende und erniedrigende Mißhandlungen, oder doch „nur" die einfachste Verpflegung bei Wasser und Brot, das harte Lager oder die katastrophalen hygienischen Verhältnisse in den oft vollgepferchten Zellen dazu geführt haben. Aber auch diesen Tatsachen müssen wir uns stellen, bilden sie doch von nun an den wesentlichen Bestandteil des nur noch kurzen Lebens des **Albert Sommer**.

---

[16] Ausländer, Fietje: Vom Wehrmacht- zum Moorsoldaten. Militärstrafgefangene in den Emslandlagern 1939-1945, in: http:// www.repositorium.uni-osnabrueck.de. Stand 15.2.2013.

[17] Wüllner, Fritz/Ausländer, Fietje: Aussonderung und Ausmerzung im Dienste der „Manneszucht", in: Verräter oder Vorbilder? Deserteure und ungehorsame Soldaten im Nationalsozialismus. /hrsg. von Fietje Ausländer. Bremen 1990, S.86 f.

Es ist der 3. Mai 1940, als er vom Lazarett in die Festung Grau-
denz zurückverlegt wird und seine Frau im Marienkrankenhaus in
Osnabrück seine Tochter zur Welt bringt. Sie erhält seinen
Wunschnamen „Inge".

Während eine Woche nach diesem Ereignis in der Nacht zum
Pfingstsonntag vom 11. auf den 12.5.1940 die Engländer wegen
des Angriffes der Deutschen Wehrmacht auf die Benelux-Staaten
und Frankreich den Luftkrieg gegen Deutschland auf die Stadt
Mönchengladbach eröffnen, gehen für **Albert Sommer** die un-
säglichen Leiden zunächst noch bis Ende August 1940 weiter.

Mit Sicherheit werden auch Folterungen eingesetzt, um vermutete
und gefürchtete antinazistische Hintergründe festzustellen, even-
tuelle Mittäter oder Gleichdenkende zu ermitteln oder die „Manneszucht" durch eine Art Gehirnwäsche wieder herzustellen.

Albert Sommer muß bis zu diesem Zeitpunkt einen unbeugsa-
men Durchhaltewillen besessen haben, denn nach einer kurzen
Eingliederung in das jetzt umbenannte Art. Reg. 11 in dem neuen
Einsatzraum am Atlantik in Frankreich wird er erneut im Wehr-
machtsgefängnis Fresnes, elf Kilometer südlich von Paris, festgesetzt.

Jetzt an einen Ort unendlichen Grauens, behaftet mit dem un-
heimlichen Ruf „Vorzimmer des Todes" und „Filiale der Hölle".
[18] Beherrscht von der Geheimen Staatspolizei (Gestapo), „... *der
herausragenden Tötungsorganisation des 20. Jahrhunderts, deren Opfer viele
Millionen Menschen zählen."* [19]

---

[18] Schulte-Hobein, Jürgen: Franz Stock und der Weg nach Europa. Sonderaus-
stellung im Sauerland-Museum vom 20.5. bis 26.8.2012. (Anmerkung d. Verf.
I. und H.P: Franz Stock war in dieser Zeit katholischer Priester im Gefängnis
Fresnes.)
Abrufbar im Internet. URL: http://www.sauerlaender-heimatbund.de
[19] Heuer, Hans-Joachim: Geheime Staatspolizei: Über das Töten und die Tendenzen der Entzivilisierung. Berlin; New York 1995. Einbandrückseite.

Hier wird **Albert Sommer** in einer der rund 1.500 völlig überbelegten Zellen bis Mai 1942 ohne Anklageschrift und ohne Verhandlung inhaftiert. Daß auch er während dieser Zeit unmenschlichen und brutalen Folterungen unterzogen wird, läßt sich nur aus den vielen Lazarettaufenthalten erahnen. Sechsmal muß er, zeitweise sechs Wochen lang, im Kriegslazarett Paris - Pitie behandelt werden. Die Diagnosen, die oft auch zur Vertuschung der Greueltaten als Schein- oder Falschdiagnosen angesehen werden müssen, reichen von mehrmaligen Behandlungen der Psyche, über Behandlungen von Unterschenkelabszessen bis hin zur Verlegung in das Reservelazarett Köln-Nippes wegen eines Suizid-Versuchs.

Wie sehr muß er gelitten haben, und womit hat man seinen „eisernen Willen" gebrochen, wenn ihm letztendlich der Tod lieber ist als das Leben? Oder hat ihm der Tod seines Bruders die Sinnlosigkeit des Krieges, des gesamten Systems und seine eigene Ohnmacht nicht mehr lebenswert erscheinen lassen? Denn hier in Frankreich erfährt er, daß sein ein Jahr älterer Bruder Willi bei der Schlacht um Odessa in der Ukraine am 14.8.1941 gefallen ist. Gestorben an einem Bauchschuß auf dem Hauptverbandsplatz in Nikolajew.

Um das alles nur einigermaßen verstehen zu können, muß ich doch an dieser Stelle die nüchternen Fakten der bekannten Foltermethoden aufführen.

Unmenschliche Maßnahmen, die scheinbar nur kranken oder sadistischen Gehirnen zugeschrieben werden können, in Wirklichkeit aber zur „täglichen Arbeit" aller Gestapodienststellen gehören, und die nichts anderes sind, als staatlich gewollte strafrechtliche Handlungen der Nötigung, Körperverletzung, Erpressung und Mord.

Es widerstrebt mir, diese Greueltaten der psychischen und physischen Folter in eigene Worte zu fassen. Deshalb werde ich mich auf Zitate aus Werken der Literatur beschränken:

45

Ein Strafverteidiger berichtet nach seinem Besuch eines Mandanten im Gefängnis der Geheimen Staatspolizei in Frankfurt a. M.: „Der Mensch, den ich wenige Tage später im ... Untersuchungsgefängnis vorfand, war ein körperlich schwer mißhandeltes Wesen, dessen Anblick wirklich erschütterte. Das Gesicht dick geschwollen, blau und grün verfärbt, ein Auge geschlossen, die Lippen aufgesprungen und die Nase verquollen, konnte R. nur ganz unverständlich lallen. ..." [20]

Gertrud Frank, festgenommen von der Leipziger Geheimen Staatspolizei wegen angeblicher „kommunistischer Umtriebe", berichtet über ihre Folterungen im Jahre 1944: „... Oben an der Decke war ein Rohr befestigt. Zunächst schloß man meine Fesseln noch enger zusammen. Man knipste das Licht aus und ließ mich so eine Weile in dem finsteren Raum allein. SS-Mann Laue mit Bleistift und Block kam mit noch einem anderen herein. Ich bekam einen Knebel in den Mund und ein nasses Tuch um den Hals. Der Kleine band mir beide Hände auf dem Rücken zusammen und zog mich an einem Strick langsam an das an der Decke befindliche Rohr. Sie ließen mich hängen, machten den Raum finster und gingen hinaus. Beide kamen dann wieder herein und sagten mir, wenn ich reden wollte, ließen sie mich wieder herunter. Ich schwieg. Sie ließen mich am Strick herunter, zogen mich aus, banden meine Beine zusammen und hängten mich umgekehrt an die Decke, mit dem Kopf nach unten. Plötzlich ging die Tür auf, und mein Mann wurde, mit einem Knebel im Mund wie ich hereingeführt. Er mußte zusehen, wie man mich weich machen wollte, man schlug um so mehr auf mich ein ... plötzlich krachte ich auf den Boden. Der Strick war gerissen. Man schleifte mich hinaus....." [21]

---

[20] Heuer, Hans-Joachim: a.a.O. 1995, S. 129.
[21] Heuer, Hans-Joachim: ebd.

... Mrs. Churchill ist so „ein Zehennagel nach dem anderen ausgerissen" worden, um sie zu einer Aussage zu bewegen; dem Staffelkapitän Yeo Thomas sind langsam die Hoden zerquetscht worden und man ließ ihn im eiskalten Wasser fast ertrinken, „während Stenotypistinnen und Sekretärinnen des Gestapo-Gefängnisses zusahen." [22]

Vor dem Internationalen Militärgerichtshof zu Nürnberg listete der französische Lehrer und Hauptmann Labussière folgende Foltermethoden der deutschen Geheimen Staatspolizei auf:
„1. Ochsenziemer. 2. Badewanne: Der Gefolterte wurde zuerst mit dem Kopf in eine mit kaltem Wasser gefüllte Badewanne bis zur Erstickung getaucht. Darauf unterzog man ihn künstlicher Atmung. Wenn er nicht aussagte, wurde diese Behandlung mehrfach wiederholt. Mit den nassen Kleidern verbrachte er die Nacht in einer kalten Zelle. 3. Elektrischer Strom: Die Pole wurden zuerst an die Hände, dann an die Füße, die Ohren und endlich einer in den After und der andere an das Ende des männlichen Gliedes angebracht. 4. Zerschmetterung der Hoden mittels einer dazu hergestellten Presse. Das Abdrehen der Hoden war häufig. 5. Aufhängen: Der Patient wurde mit Handfesseln auf dem Rücken festgebunden, ein Haken an den Handfesseln befestigt, und mittels einer Rolle wurde das Opfer hochgezogen. Zu Beginn zog man ihn hoch und ließ ihn ruckweise herunterfallen. Schließlich ließ man ihn längere oder kürzere Zeit hängen. Sehr oft waren die Arme ausgerenkt Ich habe im Lager den Hauptmann Levèvre gesehen, der den Gebrauch beider Arme eingebüßt hatte, da er über vier Stunden auf diese Art aufgehängt war. 6. Verbrennungen mittels einer Lötlampe oder Streichhölzern. Am 2. Juli kam im Lager mein Kamerad Laloue, Lehrer in Cher, an, der den größten Teil der Folter in Bourges erlitten hatte. Er hatte einen ausgerenkten Arm und konnte infolge des Aufhängens keinen einzigen Finger der rechten Hand bewegen. Er hatte

---

[22] Heuer, Hans-Joachim: a.a.O. 1995, S. 130.

sowohl den Ochsenziemer als auch die Elektrizität ertragen. Er war mit Streichhölzern gebrannt worden. Man hatte ihm unter sämtliche Finger- und Fußnägel abgeschnittene Streichhölzer hineingestoßen. Diese, wie auch die Streichhölzer, wurden angezündet. Während alles brannte, stach ihn ein Deutscher mehrere Male mit einem spitzen Messer in die Fußsohle, während ihn ein anderer mit einem Ochsenziemer schlug. Durch die Phosphorbrandwunden waren einige Finger bis zum zweiten Glied abgefressen. Geschwüre, welche sich gebildet hatte, sprangen von selbst auf und retteten ihn so vor einer Blutvergiftung. [23]

Der Tagesablauf von Jean Nocher, der im Lyoner Gestapogefängnis „Montluc" unter anderem von Barbie gefoltert wurde, sah wie folgt aus: „Für ihn und seine Kollegen begann der Tagesablauf um halb acht Uhr morgens mit Mißhandlungen und Beschimpfungen durch das bewaffnete deutsche Wachpersonal. Aus seiner Isolierung wurde er nur erlöst, wenn er einmal einen Blick auf die anderen Gefangenen werfen konnte, die allerdings einen fürchterlichen Anblick boten, wenn sie zerschunden und verquollen von einem nächtlichen Verhör zurückgebracht wurden. Zum Waschen mußte Nocher sich in einer langen Reihe anstellen, um schließlich die jedem Gefangenen zustehenden drei Minuten am Waschbecken zu verbringen. Seine Zelle wimmelte von Ungeziefer, es gab wenig Wasser und kaum etwas zu essen. Aus den Nachbarzellen konnte er das Gewimmer der geschundenen Vernehmungsopfer hören." [24]

Hier sei bei dieser Darstellung der Hinweis erlaubt, daß auch in Fresnes diese Foltermethoden üblich waren. Und nachdrücklich muß darauf hingewiesen werden, daß es in der Art der gesamten Behandlungen keinen Unterschied zwischen den äußeren (aus-

---

[23] Heuer, Hans-Joachim: a.a.O. 1995, S. 130.
[24] Heuer, Hans-Joachim: a.a.O. 1995, S. 130/131.

ländischen) und den inneren (deutschen) Feinden gibt. Aber zurück zur Gestapo.

Die Vernehmungszimmer der Geheimen Staatspolizei in Lyon waren wie folgt ausgestattet: „Deren Ausstattung bestand aus einer oder zwei Badewannen, einem Tisch mit Lederriemen, einem Gasofen, Schürhaken, die in den Öfen zum Glühen gebracht wurden, und grobzinkigen elektrischen Folterinstrumenten. Die Badewannen waren abwechselnd mit eiskaltem und kochendem Wasser gefüllt."

André Frossard wurde von der Geheimen Staatspolizei in Lyon ausgezogen und seine Handgelenke wurden nach innen an die Fersen gefesselt: „Dann steckt man ihm einen Stock zwischen seinen verkrümmten Armen hindurch. Barbie und seine Helfer legten den Stock quer über die Wanne und stießen den daran hängenden Gefangenen unter Wasser. << Dann rissen sie mich an den Haaren wieder hoch und ließen mich um den Stock rotieren wie um eine Achse>>. Frossard wäre bei dieser Behandlung fast ertrunken, aber die Verhörspezialisten holten ihn mit Fußtritten und Faustschlägen wieder ins Leben zurück."[25]

An den Folterungen und schweren Mißhandlungen sterben ungezählte Gefangene anschließend in den Zellen. Oft schneiden sich die geschundenen Opfer in den Zellen die Pulsader auf, oder sie erhängen sich.[26]

Und jeder, der heute meint, daß diese Methoden der Vergangenheit angehören und in unseren fortgeschrittenen westlichen Demokratien keinen Platz mehr finden, der irrt gewaltig. Die Vereinigten Staaten von Amerika haben die Methoden „verfeinert" und ergänzt. Sie sind auch heute noch in ihrem Lager in Guantanamo staatlich genehmigte Verbrechen an der Menschlichkeit.

---

[25] Heuer, Hans-Joachim, a.a.O. 1995, S. 131.
[26] Heuer, Hans-Joachim, a.a.O. 1995, S. 132.

Albert Sommer wird nach einer Woche im Reservelazarett Köln-Nippes der Wehrmacht-Gefangenen-Abteilung Wesseling zugeführt. Die kommenden Ereignisse werfen ihre Schatten voraus. Irgendwann nach dem 18.6.1942 wird er nach Ludwigsburg transportiert. Natürlich ist ihm klar, was ihn erwartet. Die einzige Frage, die ihm wohl ständig durch den Kopf geht, wird die gewesen sein, ob man ihn am Leben läßt oder zum Tode verurteilt. „Man", das ist das Feldkriegsgericht der Division (mot) Nr. 144 in Ludwigsburg, daß am Freitag, dem 10.7.1942 über **Albert Sommer** unter der laufenden Straflistennummer St.L.II Nr. 202/42 zu Gericht sitzt. Einen Rechtsanwalt zur Verteidigung gibt es nicht. Bei dem Verfahren handelt es sich um einen sogenannten „kurzen Prozeß". Und so verkündet nach kurzem Prozedere der Kriegsgerichtsrat Lang das (meistens) schon vorbereitete Urteil: **Albert Sommer** wird nach §5 der Kriegssonderstrafrechtsverordnung (KSSRVO) wegen Zersetzung der Wehrkraft zu 10 Jahren Zuchthaus und Wehrunwürdigkeit verurteilt.

[Anmerkung der Verfasser: Erst 1995 erklärt der 5. Strafsenat des Bundesgerichtshofes (BGH) die Praxis der Militärgerichtsbarkeit zur „Blutjustiz" und merkt an, die daran beteiligten Juristen hätten „strafrechtlich wegen Rechtsbeugung in Tateinheit mit Kapitalverbrechen zur Verantwortung gezogen werden müssen." [27]

Keiner dieser Richter wurde nach dem Krieg wegen Rechtsbeugung verurteilt, und viele waren in der neu gegründeten Bundesrepublik als Richter, Staatsanwälte und Politiker tätig. Deshalb kann es auch nicht verwundern, daß niemand ein Interesse daran hatte, die begangenen Verbrechen an rechtswidrig verurteilten

---

[27] BGH 16.11.1995 - 5StR 747/94. Abrufbar im Internet.
URL: http://www.hrr-strafrecht.de/hrr/5/94/5-747-94.php. Stand: 30.5.2013.

Soldaten und Zivilpersonen, die sich gegen den NS – Staat aufgelehnt hatten, staatlich und juristisch aufzuarbeiten.]
Grundlage ist die speziell am 17.8.1938 vorbereitete und rechtzeitig vor Kriegsbeginn am 26.8.1939 veröffentlichte „Verordnung über das Sonderstrafrecht im Kriege und bei besonderem Einsatz (Kriegssonderstrafrechtsverordnung). Eine weitreichende Regelung ohne Einfassung in ein Gesetz, sondern unter dem Mantel einer Verordnung.
Nach dieser Verordnung sind folgende Vergehen und Verbrechen zu verurteilen:

§ 2 Spionage

§ 3 Freischärlerei

§ 4 Zuwiderhandlungen gegen die von den
     Befehlshabern im besetzten ausländischen
     Gebiet erlassenen Verordnungen

§ 5 Zersetzung der Wehrkraft

§ 6 Unerlaubte Entfernung und Fahnenflucht

§ 7 Einschränkung der Dienstentlassung

§ 8 Disziplinarübertretungen

Reichsgesetzblatt

1455

Teil I

| 1939 | Ausgegeben zu Berlin, den 26. August 1939 | Nr. 147 |

Verordnung
über das Sonderstrafrecht im Kriege und bei besonderem Einsatz
(Kriegssonderstrafrechtsverordnung).
Vom 17. August 1938.

Kriegssonderstrafrecht

§ 1
Das sachliche Strafrecht

(1) Für alle Personen, die dem Militärstrafgesetzbuch unterworfen sind, gilt auch das Strafgesetzbuch für das Deutsche Reich.

(2) Auf diese Personen ist das für sie geltende Strafrecht auch dann anzuwenden, wenn sie die Tat im Ausland begehen.

Sondertatbestände

§ 2
Spionage

(1) Wegen Spionage wird mit dem Tode bestraft, wer heimlich oder unter falschem Vorwand in dem Kriegsgebiet der deutschen oder einer verbündeten Wehrmacht Nachrichten einzieht oder einzuziehen sucht in der Absicht, sie dem Feinde oder zu dessen Nutzen einem anderen mitzuteilen. Daneben kann auf Einziehung des Vermögens erkannt werden.

(2) Keine Spione sind:

1. Militärpersonen in Uniform, die in das Kriegsgebiet der deutschen oder einer verbündeten Wehrmacht eingedrungen sind, um sich Nachrichten zu verschaffen.

2. Personen, die den ihnen erteilten Auftrag, Mitteilungen an ihre eigene oder an die feindliche Wehrmacht zu überbringen, offen ausführen.

3. Personen, die in Luftfahrzeugen befördert werden, um offen:

a) Mitteilungen zu überbringen oder

b) überhaupt Verbindungen zwischen den verschiedenen Teilen der feindlichen Wehrmacht oder eines Gebietes aufrechtzuerhalten.

(3) Ein Spion, der zur feindlichen Wehrmacht zurückgekehrt ist und später gefangengenommen wird, ist als Kriegsgefangener zu behandeln und kann für frühere Spionage nicht verantwortlich gemacht werden.

(4) Abs. 2 und 3 gelten nicht für Deutsche und die Angehörigen eines verbündeten Volkes oder einer verbündeten Wehrmacht.

§ 3
Freischärlerei

(1) Wegen Freischärlerei wird mit dem Tode bestraft, wer, ohne als Angehöriger der bewaffneten feindlichen Macht durch die völkerrechtlich vorgeschriebenen äußeren Abzeichen der Zugehörigkeit erkennbar zu sein, Waffen oder andere Kampfmittel

52

führt oder in seinem Besitz hat in der Absicht, sie zum Nachteil der deutschen oder einer verbündeten Wehrmacht zu gebrauchen oder einen ihrer Angehörigen zu töten, oder sonst Handlungen vornimmt, die nach Kriegsgebrauch nur von Angehörigen einer bewaffneten Macht in Uniform vorgenommen werden dürfen. Daneben kann auf Einziehung des Vermögens erkannt werden.

(2) Keine Freischärler sind:

1. Angehörige der bewaffneten feindlichen Macht in Uniform, die sich lediglich einer üblichen Tarnung bedienen,

2. Angehörige der Milizen und Freiwilligen-Korps, wenn sie folgende Bedingungen erfüllen:
   a) jemand an ihrer Spitze steht, der für seine Untergebenen verantwortlich ist;
   b) sie ein bestimmtes aus der Ferne erkennbares Abzeichen tragen;
   c) sie die Waffen offen führen und
   d) bei ihren Unternehmungen die Gesetze und Gebräuche des Krieges beachten,

3. die Bevölkerung eines nicht besetzten Gebietes, die beim Herannahen des Feindes aus eigenem Antrieb zu den Waffen greift, um die eindringenden Truppen zu bekämpfen, ohne Zeit gehabt zu haben, sich nach Nr. 2a und b zusammenzuschließen, wenn sie die Waffen offen führt und die Gesetze und Gebräuche des Krieges beachtet.

§ 4
Zuwiderhandlungen gegen die von den Befehlshabern im besetzten ausländischen Gebiet erlassenen Verordnungen

(1) Zuwiderhandlungen gegen die von den Befehlshabern im besetzten ausländischen Gebiet zur Sicherung der Wehrmacht oder des Kriegszwecks erlassenen Verordnungen werden mit Zuchthaus oder Gefängnis bis zu fünfzehn Jahren bestraft, soweit in diesen Verordnungen keine anderen Strafen angedroht sind.

(2) In besonders leichten Fällen kann auf Haft bis zu sechs Wochen oder Geldstrafe erkannt werden.

§ 5
Zersetzung der Wehrkraft

(1) Wegen Zersetzung der Wehrkraft wird mit dem Tode bestraft:

1. wer öffentlich dazu auffordert oder anreizt, die Erfüllung der Dienstpflicht in der deutschen oder einer verbündeten Wehrmacht zu verweigern, oder sonst öffentlich den Willen des deutschen oder verbündeten Volkes zur wehrhaften Selbstbehauptung zu lähmen oder zu zersetzen sucht;

2. wer es unternimmt, einen Soldaten oder Wehrpflichtigen des Beurlaubtenstandes zum Ungehorsam, zur Widersetzung oder zur Tätlichkeit gegen einen Vorgesetzten oder zur Fahnenflucht

oder unerlaubten Entfernung zu verleiten oder sonst die Mannszucht in der deutschen oder einer verbündeten Wehrmacht zu untergraben;

3. wer es unternimmt, sich oder einen anderen durch Selbstverstümmelung, durch ein auf Täuschung berechnetes Mittel oder auf andere Weise der Erfüllung des Wehrdienstes ganz, teilweise oder zeitweise zu entziehen.

(2) In minder schweren Fällen kann auf Zuchthaus oder Gefängnis erkannt werden.

(3) Neben der Todes- und der Zuchthausstrafe ist die Einziehung des Vermögens zulässig.

§ 6
Unerlaubte Entfernung und Fahnenflucht

I. Die §§ 64, 67, 70 des Militärstrafgesetzbuchs sind in folgender Fassung anzuwenden:

„§ 64

Wer unbefugt seine Truppe oder Dienststelle verläßt oder ihr fernbleibt und vorsätzlich oder fahrlässig länger als einen Tag abwesend ist, wird wegen unerlaubter Entfernung mit Gefängnis oder Festungshaft bis zu zehn Jahren bestraft. In minder schweren Fällen kann die Strafe bis auf vierzehn Tage geschärften Arrestes ermäßigt werden.

§ 67

Freiheitsstrafe von einem Jahr bis zu zehn Jahren tritt ein, wenn die unbefugte Abwesenheit länger als drei Tage dauert.

§ 70

Bei Fahnenflucht ist auf Todesstrafe oder auf lebenslanges oder zeitiges Zuchthaus zu erkennen."

II. Die §§ 71, 78, 81, 82, 83, 99 und 100 des Militärstrafgesetzbuchs und die §§ 112, 140, 141, 142 und 143 des Strafgesetzbuchs für das Deutsche Reich sind nicht anzuwenden (vgl. § 5).

§ 7
Einschränkung der Dienstentlassung

(1) Die Ehrenstrafe der Dienstentlassung gegen Offiziere, Unteroffiziere und Mannschaften im wehrpflichtigen Alter fällt weg. Statt dessen wird erkannt:

1. gegen Offiziere und Unteroffiziere auf Rücktritt in den niedrigsten Stand der Mannschaften (Rangverlust);

2. gegen Mannschaften auf Verlust eines höheren Dienstgrades.

(2) § 23 Abs. 1 b und c des Wehrgesetzes tritt außer Kraft.

(3) Gegen ausländische Offiziere und Kriegsgefangene kann nicht auf Rangverlust oder Verlust eines höheren Dienstgrades erkannt werden.

§ 8

Disziplinarübertretungen

Als Disziplinarübertretungen sind zu beurteilen:
1. vorsätzliche oder fahrlässige Verstöße gegen die militärische Zucht und Ordnung, die keinem Strafgesetz unterfallen;
2. Zuwiderhandlungen gegen Strafgesetze, die gerichtlich nicht bestraft oder strafvollzugsfrei gelassen werden.

Schlußbestimmungen

§ 9

Überleitungsvorschriften

Hat eine unerlaubte Entfernung oder eine Fahnenflucht (§ 6) vor dem Inkrafttreten dieser Verordnung begonnen, so gelten für die Dauer der Abwesenheit die bisherigen Vorschriften.

Berlin, den 17. August 1938.

§ 10

Änderungsbefugnis

Der Chef des Oberkommandos der Wehrmacht ist zur Erläuterung dieser Verordnung, zu ihrer Anpassung an das jeweils geltende Recht und, soweit ein Bedürfnis der Kriegsführung es gebietet, auch zu Änderungen und Ergänzungen befugt.

§ 11

Inkrafttreten der Verordnung

(1) Diese Verordnung tritt mit der Mobilmachung für die gesamte Wehrmacht in Kraft, wenn der Führer und Reichskanzler nicht etwas anderes befiehlt.

(2) In anderen Fällen befiehlt der Führer, wann diese Verordnung in Kraft tritt und für welche Teile der Wehrmacht sie anwendbar ist.

Der Führer und Reichskanzler

Adolf Hitler

Der Chef des Oberkommandos der Wehrmacht

Keitel

Abb. 23-25

§ 5

Zersetzung der Wehrkraft

(1) Wegen Zersetzung der Wehrkraft wird mit dem Tode bestraft:

1. wer öffentlich dazu auffordert oder anreizt, die Erfüllung der Dienstpflicht in der deutschen oder einer verbündeten Wehrmacht zu verweigern, oder sonst öffentlich den Willen des deutschen oder verbündeten Volkes zur wehrhaften Selbstbehauptung zu lähmen oder zu zersetzen sucht;

2. wer es unternimmt, einen Soldaten oder Wehrpflichtigen des Beurlaubtenstandes zum Ungehorsam, zur Widersetzung oder zur Tätlichkeit gegen einen Vorgesetzten oder zur Fahnenflucht

54

oder unerlaubten Entfernung zu verleiten oder
sonst die Mannszucht in der deutschen oder
einer verbündeten Wehrmacht zu untergraben;

3. wer es unternimmt, sich oder einen anderen
durch Selbstverstümmelung, durch ein auf
Täuschung berechnetes Mittel oder auf andere
Weise der Erfüllung des Wehrdienstes ganz,
teilweise oder zeitweise zu entziehen.

(2) In minder schweren Fällen kann auf Zuchthaus oder Gefängnis erkannt werden.

(3) Neben der Todes- und der Zuchthausstrafe ist
die Einziehung des Vermögens zulässig.

Abb. 26-27: Ausschnittvergrößerung des § 5
„Zersetzung der Wehrkraft"

Elf Paragraphen, die der deutschen und militärischen Rechtsprechung in nie dagewesener rechtlich pervertierender Form den Boden für Hunderttausende von **Unrechtsurteilen** bereitet.
Ich kann aber dieses Kapitel nicht verlassen, ohne noch ein paar Ausführungen zu dem Begriff „Wehrkraftzersetzung" zu machen. Wenn man in der heutigen Zeit diese Wortschöpfung aus dem „Dritten Reich" im Familien- oder Bekanntenkreis fallen läßt, kann sich niemand konkret etwas darunter vorstellen. Man schaut immer wieder in verständnislose, manchmal auch zweifelnde und uninteressierte Gesichter, und es bedarf einiger beispielhafter Erklärungen und Überzeugungskraft, um wenigstens in den Grundzügen diesen unsinnigen und unheilvollen Straftatbestand den Gesprächspartnern etwas näher zu bringen. Eine Straftat, die von jedem, egal ob Soldat oder Zivilist, der sie begeht, der Ver-

ordnung nach grundsätzlich mit dem Tode bestraft wird. Nur in minderschweren Fällen kommt eine Zuchthausstrafe in Frage. Eine juristisch gesehen mit vielen unbestimmten Rechtsbegriffen gespickte Regelung, die als Spielfeld der Militärgerichtsbarkeit wie ein Auffangbecken für all das genommen wird, was sich nicht konkret in den anderen Straftatbeständen widerspiegelt. So ist es fast schon zwangsläufig, das in den Urteilen Begriffe erfunden werden, die uns nie gelehrt wurden, und die deshalb in unserem Sprachschatz keinen Platz gefunden haben. Wir hören bei den Forschungen etwas von den „Verbrechen", z. B.

Defätismus: Zweifel am Sinn oder Erfolg des Krieges.

Unzufriedenheit mit der Staatsform.

Kritik an den politischen oder militärischen Führern.

Zweifel am siegreichen Ende des Krieges.

Kriegsdienstverweigerung.

Untergrabung der „Manneszucht". [28]

Nicht vorstellbar, daß man dafür durch Urteil sein Leben verliert oder eine hohe Zuchthausstrafe erhält (die oft auch einer Todesstrafe gleichkommt)? Heute gar nicht begreifbar, aber im NS-Reich trifft es viele Hunderttausend.

Hier nur ein paar Beispiele aus drei veröffentlichten Urteilen in verkürzter Zusammenfassung:

Fall 1:

Der als geistig über den Durchschnitt begabte 21-jährige Kanonier Horst D. wird am 29. Mai 1941 nach zusätzlicher Anhörung der

---

[28] Anmerkung d. Verf. I und H.P: Manneszucht war die bedingungslose Anerkennung des soldatischen Gehorsams und soldatischer Pflichterfüllung im Sinne des Nationalsozialismus – als oberste Leitlinie. Ein Begriff, der beliebig mit Inhalten während der Rechtsprechung gefüllt wurde.

Gestapo vom Feldkriegsgericht der Dienststelle Feldp. Nr. 20011 unter der St.L. 139/41 (Anm. der Verfasser: Strafrechtslistennummer) zu einer Gesamtstrafe von 3 Jahren Zuchthaus wegen Zersetzung der Wehrkraft und Abhören von Auslandssendern verurteilt.

Außerdem wird auf Wehrunwürdigkeit und Aberkennung der bürgerlichen Ehrenrechte auf die Dauer von 5 Jahren erkannt. Es werden ihm folgende Verbrechen zur Last gelegt:

Verbrechen gegen § 1 der Verordnung der Rundfunkmaßnahmen, weil er häufiger im Radio nichtdeutsche Tanzmusik und den Londoner Nachrichtensender in deutscher Sprache hörte.

Verbrechen wegen Wehrkraftzersetzung wegen folgender angeblicher Äußerungen:

Wenn er die Möglichkeit dazu habe, würde er nach dem Kriege ins Ausland gehen. In den Demokratien sei man ein freier Mensch.

Als Beispiel führte er an, daß hier in Deutschland jeder Kegel- und Gesangverein, wenn er eine Versammlung abhalten wolle, dazu der Genehmigung bedürfe. Außerdem säße einer von der Partei dabei und horche.

Er wolle nach dem Krieg keine Kinder haben, die seien nur Kanonenfutter.

Die Kameraden sollten sich ruhig verpflichten, der Krieg würde sicher noch ein paar Jahre dauern. Auf die Aussage eines Kameraden, für das Vaterland zu kämpfen, meinte er: Wofür kämpfen wir überhaupt. Was verstehst Du überhaupt unter Vaterland.

Er habe kein Interesse auf einen Menschen zu schießen, sondern würde lieber in Gefangenschaft gehen, als zu kämpfen.

Es wird vom Gericht festgestellt, daß der Angeklagte es unternommen hat, die Mannszucht in der deutschen Wehrmacht zu untergraben. Er war deshalb wegen Zersetzung der Wehrkraft gem. § 5 Abs. I Ziff. 2 KSSVO zu bestrafen.

Von der Anrechnung der Untersuchungshaft auf die erkannte Strafe wurde bewußt abgesehen, da sie nicht zu vereinbaren wäre mit der Vorschrift, daß Zuchthausstrafen erst nach dem Kriege zu verbüßen

*und die zu Zuchthaus Verurteilten bis dahin in einem Strafgefan-
genenlager unterzubringen sind.*

Fall 2:

*Der 41 Jahre alte Soldat Wilhelm E. wird am 4. Mai 1943 vom
Feld-Kriegsgericht der Wehrmachtkommandantur Berlin unter der
St.P.L. X Nr. 433 1943 wegen Zersetzung der Wehrkraft zu 3
Jahren Zuchthaus und zum Verlust der Wehrunwürdigkeit verur-
teilt.
Bei einem Besuch in der ehemaligen Firma hat er sich zu ein paar
Sätzen hinreißen lassen, wie z.B.*
- *Wenn der Krieg dieses Jahr nicht ausgeht, dann machen wir ihn
  aus.*
- *Wenn der Schwindel nur bald aufhörte. Es heißt immer
  Churchill und Roosevelt wollten die Weltherrschaft; diese wolle
  aber in Wirklichkeit Adolf Hitler. Der Adolf gehöre erschos-
  sen.*
-

Das geringe Strafmaß ist sicher darauf zurückzuführen, daß er
seit 1941 Parteimitglied war und anderen NS-Organisationen
angehörte. Interessant hierbei ist die Tatsache, daß alleine dieses
Gericht in den vier Monaten des Jahres 1943 in 433 Fällen ein
Urteil sprechen mußte. Bei rund 100 Arbeitstagen ergibt das pro
Tag rund 4 verurteilte Soldaten. Und hier muß ich noch einmal
betonen, daß es unbegreiflich für mich ist, daß es die Bundesrepublik Deutschland bisher unterlassen hat, durch die exakte
Auswertung der noch vorhandenen 180.000 Urteile im Freiburger
Archiv mehr Licht ins Dunkel nationalsozialistischer Unrechts-
urteile an deutschen Soldaten zu bringen.

Fall 3:

Der 23 Jahre alte angeklagte Obergefreite Siegfried D., mittlere Reife und einziger Sohn eines Volksschullehrers, am 1.10.1938 zur Luftwaffe auf freiwillige Meldung zum aktiven Wehrdienst einberufen worden, wird am 19.2.1944 vom Feld-Kriegsgericht z.b.V. der Luftwaffe unter der 4 K.St.L. 7/44D [Kriegsstrafsachenliste, in diesem Falle sortiert nach Nr., Jahr und Anfangsbuchstaben des Familiennamens] wegen Wehrkraftzersetzung zum Tode, zum Verlust der Wehrwürdigkeit und zum Verlust der bürgerlichen Ehrenrechte auf Lebenszeit verurteilt.

Er hat wohl das Pech, daß er nicht der NSDAP angehört, und daß sein Vater die Partei in „*gemeinster Weise beschimpft und beleidigt hat*", sodaß „*alles froh war*", als der Vater den Tätigkeitsort in G. verlassen mußte.

Die Äußerungen des Siegfried D. auf der Krankenstube des Reviers beim Fliegerhorst S:

- *Bis Stalingrad bin ich ein begeisterter Soldat gewesen, seitdem habe ich aber die Schnauze voll und will nicht mehr.*
- *Diesen Krieg kann niemand verantworten, auch der Führer nicht, der Mörder der vielen Menschen, die durch Terrorangriffe ums Leben gekommen sind.*
- *Der Führer ist ein Hund und gehört ins Zuchthaus.* [29]

Überträgt man die Straffestsetzungen der Fallbeispiele für die einzelnen Äußerungen und Verhaltensweisen in Höhe von 3 Jahren Zuchthaus bis hin zur Verurteilung zum Tode auf den Fall des **Albert Sommer**, so müssen seine Äußerungen und Handlun-

---

[29] Die drei Fallbeispiele wurden in verkürzter Form dargestellt und entnommen aus Kosthorst/Walter: a.a.O. 1983, S. 1.709 ff.

gen irgendwo dazwischengelegen haben. Ich kann nur diese Vermutungen anstellen, da sein Urteil trotz jahrelanger Forschungen nicht mehr gefunden werden kann. Wie wir noch später erfahren werden, gibt es zumindest für die Vernichtung seiner Personalakte, die ebenfalls das Urteil enthielt, eine logische Erklärung.

Aber unumstößlich fest steht die Tatsache, daß **Albert Sommer** kein Deserteur war, nicht fahnenflüchtig wurde, keinen Feindsender hörte, sich nicht unerlaubt von der Truppe entfernte und auch keine Zuwiderhandlungen gegen im besetzten ausländischen Gebiet erlassene Verordnungen beging. Seine Probleme waren schlicht und einfach die Abneigung gegen das nationalsozialistische System und den Krieg.

Kriegsgerichtsrat Lang teilt am 25.8.1942 auf Anfrage der Ehefrau die Verurteilung, den Grund und das Strafmaß mit.

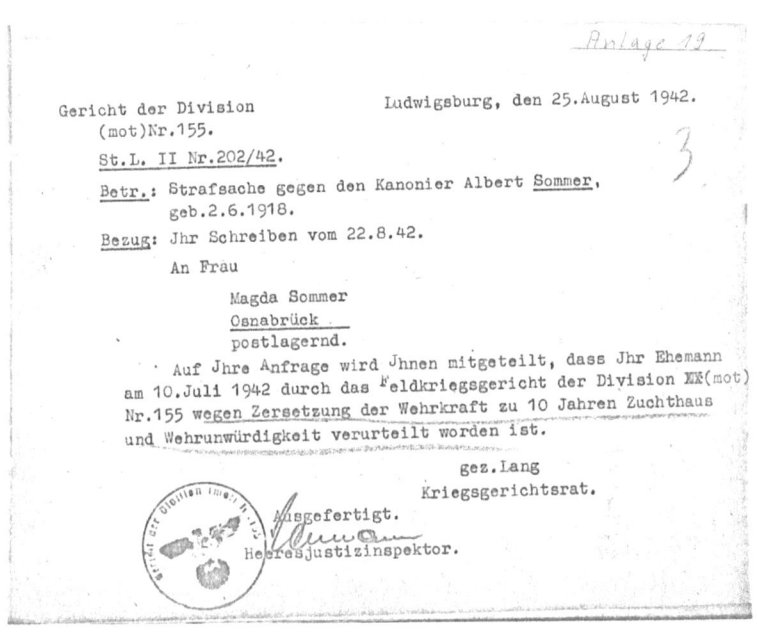

Anlage 19

Gericht der Division   Ludwigsburg, den 25.August 1942.
(mot)Nr.155.

St.L. II Nr.202/42.

Betr.: Strafsache gegen den Kanonier Albert Sommer,
        geb.2.6.1918.

Bezug: Jhr Schreiben vom 22.8.42.

        An Frau

            Magda Sommer
            Osnabrück
            postlagernd.

        · Auf Jhre Anfrage wird Jhnen mitgeteilt, dass Jhr Ehemann
        am 10.Juli 1942 durch das Feldkriegsgericht der Division XX(mot)
        Nr.155 wegen Zersetzung der Wehrkraft zu 10 Jahren Zuchthaus
        und Wehrunwürdigkeit verurteilt worden ist.

                            gez.Lang
                        Kriegsgerichtsrat.

        Ausgefertigt.

        Heeresjustizinspektor.

Abb. 28: Mitteilung des Feldkriegsgerichts über die
Verurteilung des **Albert Sommer**.

Um die „Hexenjagd" nicht noch ausufern zu lassen, hat sich
Magda Sommer das Schreiben postlagernd nach Osnabrück
schicken lassen. Seit der Verurteilung, die natürlich auf schnell-
stem Wege bei den NS-Stellen bis hin zum Blockleiter in Osnabrück bekannt wird, hat die Ehefrau keine ruhige Minute mehr.
Auch ihr wird von vielen „amtlichen" und „nichtamtlichen" Leuten eindeutig klargemacht, daß man mit einem Ehemann, der so
gar nicht in das System paßt, nicht mehr verheiratet sein darf.
Auch sie macht Bekanntschaft mit der Gestapo im Osnabrücker

61

Schloß. Nach deren Denkweise könnte es doch sein, daß irgendwo noch eine gleiche geistige, wehrkraftzersetzende Tätigkeit im Familien- oder Bekanntenkreis festzustellen ist. Der Druck steigt enorm, die Drohungen werden deutlicher. Konsequenzen werden aufgezeigt, falls sie sich nicht von **Albert Sommer** scheiden läßt. Man macht ihr klar, daß ein möglicher Schaden in der weiteren nationalsozialistisch geprägten staatspolitischen Erziehung und Entwicklung von der zweijährigen Tochter Inge ferngehalten werden muß.

Im September/Oktober 1942 hält sie diesem Druck und Zwang nicht mehr stand. Sie reicht beim Landgericht in Osnabrück die Scheidung ein. Und erst auf dem Sterbebett kann sie sich von der größten seelischen Last ihrer Tochter gegenüber befreien, als sie erzählt, daß zu diesen Drangsalierungen und psychischen Quälereien auch noch eine Vergewaltigung durch mehrere NS-Schergen gehörte, um endgültig die Lossagung von ihrem Ehemann zu erreichen.

So wird die Ehe (zwangsweise auf Druck der NS) am 30.10.1942 wegen des in hohem Maße ehrlosen Verhaltens des Ehemannes [dem NS-Staat gegenüber!] zu dessen alleiniger Schuld und zu dessen Lasten geschieden.

Es klingt wie ein Hohn, wenn zu Beginn des Urteils ausgeführt wird, daß **Albert Sommer** sich „z.Zt. in Aschendorfer-Moor bei Papenburg -Ems- Strafgefangenenlager II. Baracke No. 8, No. 645/42 aufhält", und es in dem Scheidungsurteil dann heißt: "Der Beklagte ist nicht vertreten gewesen. Ihm sind die Klageschrift sowie die Ladungen zu den Terminen am 16. und 30.10.1942 rechtzeitig und ordnungsgemäß zugestellt." Und weiter ...."ihm werden die Kosten des Rechtsstreites auferlegt."

Er hätte bestimmt, selbst unter diesen Umständen, seine Magda gerne noch einmal wiedergesehen.

Für die Nationalsozialisten ist die „deutsche Ehre" für Mutter und Tochter wieder hergestellt, die Verbindung zum geschiede-

nen Ehemann nicht mehr möglich. Zensur und Überwachung beherrschen die künftige Zeit.
Von diesem Zeitpunkt an hat die Tochter keinen Vater mehr.

Strafgefangenenlager II Aschendorfermoor [30]

Es ist Mittwoch, der 26.8.1942, als Magda Sommer die Nachricht über die Verurteilung ihres Ehemannes erhält. Am gleichen Tag wird **Albert Sommer** mit 34 weiteren verurteilten wehrunwürdigen Strafgefangenen aus Richtung Münster kommend um 8.30 Uhr in die Durchgangshaftanstalt nach Lingen/Ems überführt.
Fast 40% von ihnen sind wegen Fahnenflucht und unerlaubter Entfernung von der Truppe, und zwei weitere, wie er, wegen Zersetzung der Wehrkraft verurteilt worden.
Bei den übrigen Strafgefangenen handelt es sich um Täter, die wegen ihrer Delikte auch nach heute geltenden strafrechtlichen Bestimmungen bestraft würden, wie z.b. Diebstahl, Urkundenfälschung, Betrug, Unterschlagung und Notzucht.
Die Tore der Strafanstalt Lingen öffnen sich für 25 Gefangene am nächsten Tag. Die Männer werden auf dem Bahnhof Lingen/Ems „verladen", begleitet von bewaffneten Wachmannschaften der Justiz. Die gut einstündige Fahrt über Meppen und Haren führt zunächst nach Papenburg/Ems, dem Verteilerbahnhof für die nördlichen Emslandlager. Dort heißt dann das Endziel für den Trupp „Strafgefangenenlager II Aschendorfermoor".
Einer von ihnen ist der Kranführer **Albert Sommer**.

---

[30] Die einzelnen Fakten wurden entnommen aus Kosthorst/Walter: a.a.O. 1983. Andere Fundstellen werden getrennt als Fußnoten aufgeführt.

Transport von Richtung Münster kommend   am 26. August 1942.   503

Ü b e r f ü h r u n g !
von wehrunwürdigen Strafgefangenen für Strafgefangenenlager
- übergeführt am 26. August 1942- 8,3o Uhr-

Lfde Nr.	Name	Vorname	Geburtstag	Beruf	Straftat	Zeit
1.)	A u		o. 1.o9	Sattler	Sittl.Verbr.	3
2.)	A m		9. 7. 94	Kellner	§ 176	7
3.)	D e		4. 4.98	Arbeiter	Fahnenfl.	8
4.)	P r		8. 8.22.	Techniker	"	1o
5.)	G m		2.11.14	Hutmacher	"	15
6.)	G r		1. 6.14	Zeichner	"	15
7.)	H ü		3. 6.21	Kellner	"	14
8.)	H u		1. 5. 17	Soldat	Ents. d.Wehrk.	1o
9.)	K o		1. 8.1o	Maler	Fahnenfl.	4
10.)	M e		3. 9.22.	Brauer	Zers. d. W.	7
11.)	M ü		8. 3.22	Schüler	Fahnenfl.	12
12.)	M ü		1. 9.13	Dekorateur	"	12
13.)	P o		2.12.12	Angestellter	Notzucht	3
14.)	P a		8.11.11	Schneider	Diebstahl	4
15.)	R		o. 3. o7	Bäcker	Urk. Fälsch-	1,
16.)	S a		5. .22	Arbeiter	Fahnenfl.	5
17.)	S i		9.12o2	Lohnbuchhalter	Unzucht	2,6
18.)	S o m m e r t	Albert	2. 6.18	Kranführer	Zers.d.W.	1o
19.)	Sch	Richard	8.12.11	Bergmann	Verrat	6
20.)	S o	Johann	3. 8.21	L. Arbeiter	Unterschl.	5
21.)	S o	Gerhard	23. 7.11	Schweizer	Diebstahl	1,4
22.)	S o	Helmuth	2. 4.14	Oberzahlm.	Verg. KW.b.	2
23.)	S o	Gustav	3. 3.21	Tischler		6
24.)	W a	Alfred	14.12.18	Schlosser	Fahnenfl.	15
25.)	W i	Leo	2o.11.21	Arbeiter	Unerl.Entf.	9
26.)	S o	Erich	24.12.14	Beamter	Plünderung	2

r ohne Sicherung   Lager

		Vorname	Geburtstag	Beruf	Straftat	Zeit
1.)	B o	Dimitrio	6. 6.17	Schuhmacher	Unzucht	2
2.)	K o	Josef	1.12.o3	Arbeiter	Diebstahl	1o
3.)	S t	Rudolf	28.11.98	Schleifer	Verrat	1o

er mit Sicherung   Lager

		Vorname	Geburtstag	Beruf	Straftat	Zeit
1.)	B e	Arthur	16. 8.99	Zimmermann	Betrug	4,6
2.)	H o n	Franz	17. 4.16	Schlosser	Diebstahl	8
3.)	S o	Kurt	26. 8. 2o	"	"	7
4.)	S o	Wilhelm	29. 31 13	Arbeiter	"	7
5.)	S o	Bruno	31.10.12	"	"	2.6

Abb. 29: Transportliste Nr. 503 vom 26.8.1942 nach Lingen,
der Weitertransport ist für **Albert Sommer** vorgesehen
zum Emslandlager II Aschendorfermoor. [31]

---

[31] Niedersächsischen Landesarchiv –Staatsarchiv Osnabrück –, Rep 947 Lin I
Nr. 164.

64

Die Vernichtung der Menschenwürde, soweit sie nicht schon für viele vernichtet ist, nimmt seinen Lauf. Das Ziel ist nicht nur das Strafgefangenenlager II Aschendorfermoor, sondern Ziel ist die Umwandlung von einem Menschen zu einem **Nichts**. Am Ende dieser Fahrt warten nur noch Folter, Qualen, Schmerzen, Hunger, ständige Lebensbedrohung, Hoffnungslosigkeit, Schikanen und das Rauben der Würde und Ehre bis hin zur vollständigen Entmenschlichung. Männer, die in diese Lager kommen, sind weniger wert als ein Hund, dem man wenigstens noch einen Knochen vorwirft.

Sie werden im Sprachjargon der Wachmannschaften, aber auch in der emsländischen Bevölkerung als „**P a t t j a c k e n**" bezeichnet. Ein Begriff, der sich nur ansatzweise mit etwas vollkommen Unwichtiges, Unnützes, Überflüssiges und Verabscheuungswürdiges, oder, wie der Kommandeur der Emslandlager Schäfer es ausdrückt, dem „Abschaum der Erde" erklären läßt.

Noch heute ist der Begriff im Emsland bekannt, wenn der Dosfelder Heimatverein auf seiner Internetseite schreibt:

„Wußtet ihr schon, (daß)…der Feuerlöschteich, der von den „**Patt-jacken**" *während des Krieges zwischen Hoahngerdsin und Ubbenjans ausgehoben wurde, Ende der 90er Jahre zugeschüttet wurde, weil er eine Gefahr für die Kinder war.*"[32]

Und im weiteren Verlauf werden wir noch erfahren, daß „**Patt-jackenblut**" an den Hosen der Mörder klebte.

Beim Aussteigen und Umladen für den Weitertransport sausen schon die Gummiknüppel auf die Köpfe, Schultern und Arme der Gefangenen. Fäuste krachen ins Gesicht, Gewehrkolben vom Karabiner 98 k werden als Stoßwaffe eingesetzt. Es ist die erste Bekanntschaft mit den „Blauen", der Lager-Wachmannschaft der SA-Pionierstandarte 10 „Emsland". Allein die Tatsache, daß man wieder 25 unnütze Leben befördern muß, die nur noch einen

---

[32] Dosfeld.Heimatverein-Börger, unter „Interessantes". Abrufbar im Internet. URL: http://dosfeld.heimatverein-boerger.de. Stand: 4.6.2013.

Wert in ihrer Arbeitskraft besitzen, scheint den Wachmannschaften Grund genug zu sein. Die Fahrt geht durch die endlose Einsamkeit und Öde der emsländischen Moore und endet vor dem Lagertor des Lagers II Aschendorfermoor.

Abb. 30: Eingangsbereich des Lagers II Aschendorfermoor
mit dem Emblem der SA auf dem Wachhäuschen
und drei „Blauen"
(blaue Jacke, schwarze Hose und Lederschaftstiefel,
auch „Knobelbecher" genannt). [33]

---

[33] Archiv Heinrich Heeren, Meppen.

Das Absteigen von den Fahrzeugen geht nicht schnell genug, und mit dem allgemein üblichen „Spießrutenlaufen" durch die Reihen der SA-Mannschaften, bewaffnet mit Gummiknüppeln, Stöcken, Riemen, mit Sand gefüllten Gartenschläuchen und allen anderen erdenklichen, wirksamen „Arbeitsgeräten" setzt sich die Prügelei beim „Empfang" fort. [34]

Der geschundene Trupp zieht auf der Lagerstraße vorbei an dem rechts gelegenen „Vergnügungspark" und der Kantine des Wachpersonals. Etwa 50 m vor dem eigentlichen Strafgefangenenlager wird in der Verwaltungsbaracke die Registrierung der Neuankömmlinge vorgenommen.

Albert Sommer ist von nun an die Nr. 645/42 im Gefangenenbuch. Sein Name existiert von diesem Augenblick an nicht mehr.

Weiter geht es zur Kleiderkammer unmittelbar links vor dem Eingangstor zum Lager. Die Strafgefangenenkleidung wird zugeteilt:

1 Paar Socken
1 Unterhose
1 Baumwollhemd
1 Kord-Unterjacke
1 Kordhose
1 Kordjacke
1 Paar Holzschuhe

Es scheint sich hierbei um die sprichwörtlichen „7 Sachen" zu handeln.

Das geringste Aufmucken, weil zum Beispiel die Holzschuhe nicht passen oder gar zwei linke oder zwei rechte Holzschuhe ausgegeben werden, hat wiederum körperliche Züchtigungen zur Folge. Eine kurze Instruktion wird erteilt, daß die Unterwäsche alle 14 Tage zum Waschen abgegeben werden kann und die

---

[34] Schluckner, Horst, in Ausländer, Fietje: a.a.O. 1990, S. 17.

Oberkleidung 14-täglich an der Kammer gewechselt wird, wenn sie getragen worden ist.

Der Kopf wird kahlgeschoren, ein Mittel nicht nur aus hygienischen Gründen, sondern auch zur weiteren Erniedrigung und Kennzeichnung. Alle persönlichen Kleidungsstücke und Gegenstände müssen abgegeben werden. Spätestens jetzt gibt es keinen Ehering mehr und keine Fotos der Ehefrau und der jetzt zweijährigen Tochter Inge, auf die er zur Erinnerung mal einen Blick hätte werfen können.

Albert Sommer, nein, Nr. 645/42 wird die Baracke 8 ganz am Ende rechts des 200 m langen Lagers zugewiesen. Für ihn heißt es jetzt, sich in die besonderen (Un)gesetzmäßigkeiten des Lebens im Strafgefangenenlager II Aschendorfermoor einzufügen und zurechtzufinden.

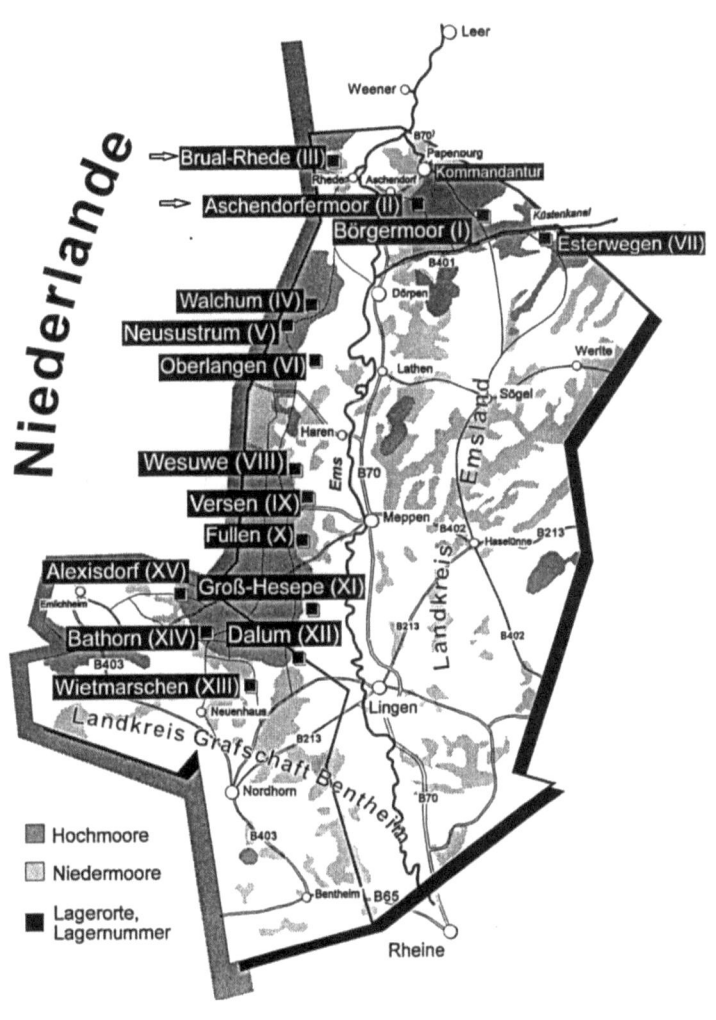

Abb. 31: Die 15 Emslandlager.
Die Lager I bis V und VII im nördlichen Bereich
sind die Strafgefangenenlager. Die Lager II und III sind gekennzeichnet. [35]

---

[35] AK DIZ Emslandlager e.V., Papenburg.

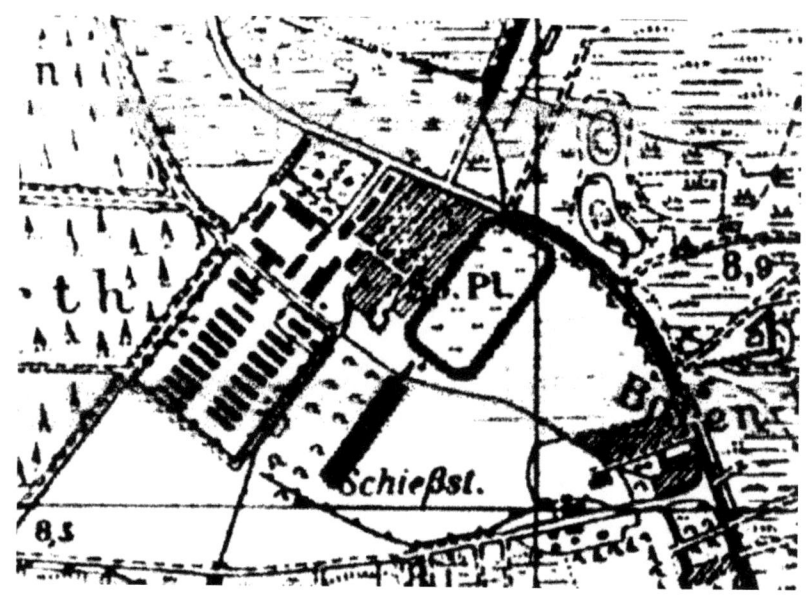

Abb. 32: Das Lager II Aschendorfermoor
in der topographischen Karte 2910 von 1942
mit dem „Sportplatz" und dem Schießstand.
Diese Karte spiegelt die Situation bei der
Einlieferung von Albert Sommer wieder. [36]

---

[36] Bundesarchiv Berlin, KART 1005/11056.

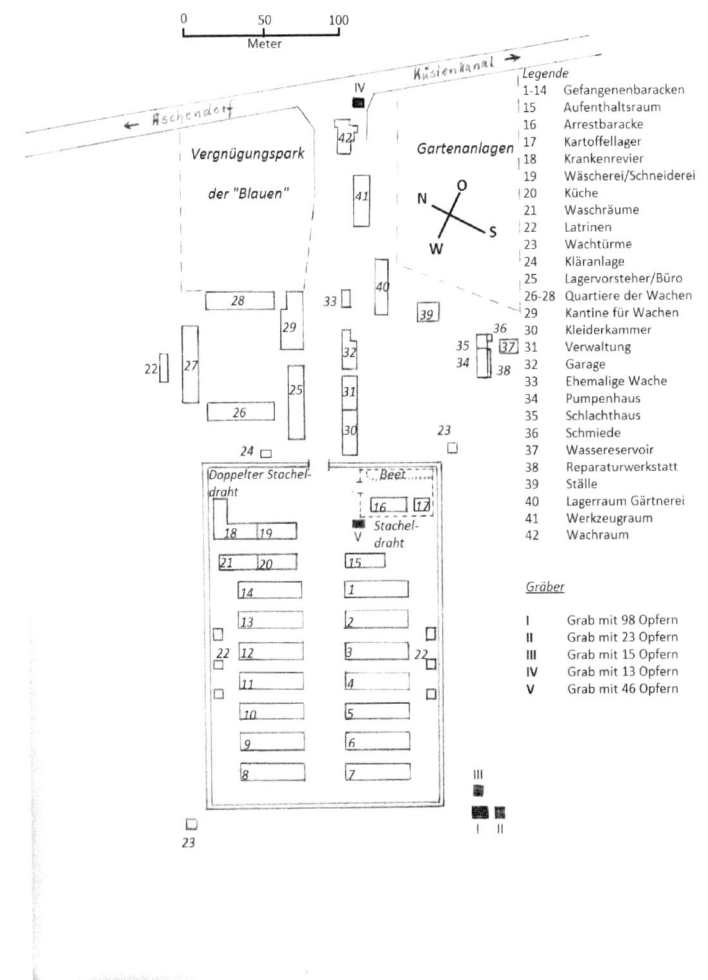

Abb. 33: Lageplan
des Lagers II Aschendorfermoor 1946. [37]

---

[37] Plan erstellt durch Mitautor H.P. nach dem Originalplan der Engländer für den Prozeß 1946, ITS Bad Arolsen, GCC 8/5, 10, I-V, Ordner 66.

Das Lager

Lager II Aschendorfermoor wurde 1935 als Strafgefangenenlager für zunächst 1.000 Gefangene als eines der 15 emsländischen Lager errichtet und bereits im April 1937 auf 1.500 Plätze vergrößert. 14 Gefangenenbaracken, in denen jeweils 100 bis 120 Gefangene untergebracht sind.

Wie alle Lager, ist auch Lager II auf einem Sandrücken im Moor errichtet, ausgestattet mit elektrischem Strom, versorgt mit Grundwasser aus 14 Abessinierbrunnen und eingeteilt in einen Lagerbereich „vor Draht" mit den Baracken für den Arbeits- und Verwaltungsbetrieb der Wachmannschaften und einen Lagerbereich „hinter Draht" mit 14 Häftlingsbaracken, Krankenrevier, Arrestbaracke, Wäscherei und Schneiderwerkstatt, Küche und Waschräumen.

Der eigentliche Gefangenenbereich ist eingezäunt mit einem doppelten, 3m hohen Stacheldrahtzaun und dazwischen liegendem 4m breiten „Todesstreifen". An zwei diagonal gegenüberliegenden Ecken ist je ein Wachturm mit M.G.-Stand errichtet. Für die Ausleuchtung bei Nacht sorgen im Abstand von 30m aufgestellte starke elektrische Lampen.

Abgerundet wird das Lager durch einen Schießstand für das Wachpersonal und einen „Sportplatz", besser bekannt als „Schleif-und Drillplatz" für die Gefangenen an der Südwestseite des Lagers.

Die Gefangenenbaracke mit einer Größe von rund 40m x 10m ist in drei Abteilungen aufgeteilt, dem Schlafraum (20m x 10m), etwa 200m² für 100-120 Gefangene, dem Tagesraum(14m x 10m) und dem Waschraum (6m x 10m). Eine physisch und psychisch bedrückende Enge.

Geleitet werden die Lager zentral von der Kommandantur in Papenburg und vor Ort von der Lagerverwaltung und den Wacheinheiten. Für das Lager II Aschendorfermoor ist der Oberinspektor Gerhard Setzer, ein Gefangenenbeamter seit 1925, als

72

Lagervorsteher zuständig. Von ihm wird später noch die Rede sein.

Abb. 34: Kommandantur der Emslandlager in
Papenburg, Gasthauskanal 16,
1934 eingerichtet in der früheren
Navigationsschule, heute genutzt
vom Polizeikommissariat. [38]

---

[38] Archiv Heinrich Heeren, Meppen.

Modell des Lagers II Aschendorfermoor

Abb. 35: Eingangsseite mit Wache und „Vergnügungspark" (rechts). [39]

Abb. 36: Ansicht des Strafgefangenenbereichs mit dem Zaun.
Vorne links ist die Baracke Nr.8,
in der Albert Sommer untergebracht war. [40]

---

[39] Foto: Privatarchiv Peters. Aus der Ausstellung im DIZ, Papenburg.
[40] Foto: Privatarchiv Peters. Aus der Ausstellung im DIZ, Papenburg.

Abb. 37: Umzäunung des Lagers II Aschendorfermoor. [41]

Abb. 38: Lager mit der Ausleuchtung
in der Nacht,
(hier am Beispiel des Lagers V Neusustrum). [42]

---

[41] AK DIZ Emslandlager e.V., Papenburg.
[42] AK DIZ Emslandlager e.V., Papenburg.

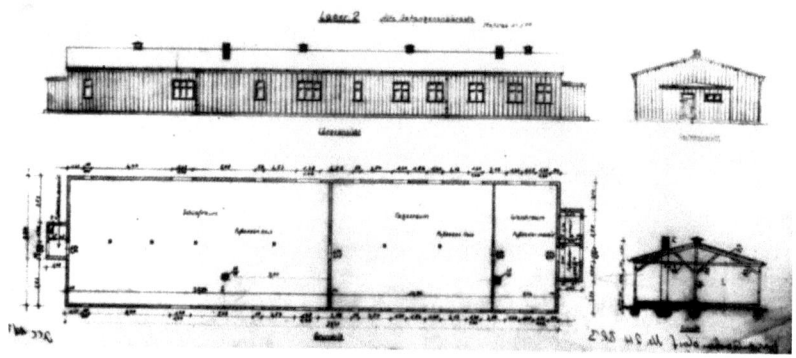

Abb. 39: Ansichtsskizze einer „Alten Gefangenenbaracke" 1938.
Abmessungen etwa 40 m x 10 m. [43]

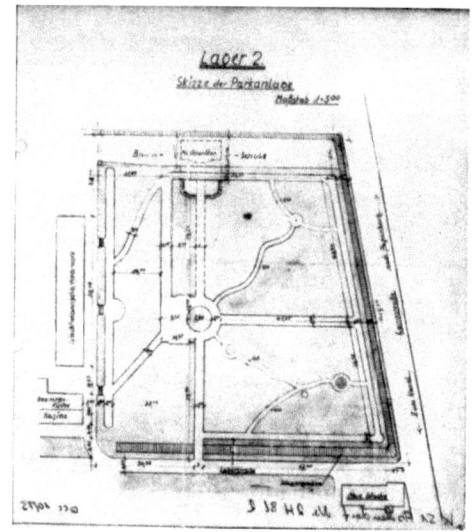

Abb. 40: Skizze für die Parkanlage („Vergnügungspark")
der Wacheinheiten im Lager II. [44]

---

[43] Niedersächsisches Landesarchiv – Staatsarchiv – Osnabrück, K gesamt 51 Aschendorf Nr. 2 H.
[44] Ebda.

Das Wachpersonal und die Mißhandlungen

Seit April 1934 ist der Strafvollzug in den Emslandlagern der Justizverwaltung unterstellt. Gelenkt und geleitet bis Mitte 1942 von SA-Oberführer Werner Schäfer, geb. am 18.4.1904 in Straßburg. Er ist „Kommandant der Strafgefangenenlager Emsland" mit dem Verwaltungssitz in Papenburg. Ein großgewachsener Mann, der in den zwanziger Jahren Polizist wurde und später Sparkassenangestellter in einer kleinen Stadt in der Nähe von Berlin war. Außer seiner ungeheuren Eitelkeit und seinem übertriebenen Selbstgerechtigkeitsgefühl (gute Eigenschaften für einen Naziführer) konnten die Engländer bei der späteren Aufarbeitung keine anderen Qualitäten finden, die ihn als Kommandant geeignet erscheinen lassen hätten.

Abb. 41: SA- Gruppenführer und Lagerkommandant
Werner Schäfer [45]

---

[45] Niedersächsisches Landesarchiv – Staatsarchiv – Osnabrück, Rep 980 Nr. 37382.

77

Abb. 42: SA-Oberführer Werner Schäfer, 4. von rechts.
Empfang bei Adolf Hitler. [46]

Schäfer macht sich einen Namen als SA-Funktionär und Leiter
eines der ersten von den Nationalsozialisten gegründeten Konzentrationslagers in Oranienburg. Aufgefallen durch seine brutale
Denkweise und die Einführung eines perfiden Systems der
„Selbstverwaltung" bei den Lagerinsassen.
Die Lager im Emsland werden deshalb auch nach dem Geiste der
Konzentrationslagertradition des KL Oranienburg geführt
Nach einem Mißhandlungsprozeß 1938 gegen Schäfer, der allerdings auf Druck der SA förmlich im Sande verläuft, wird die Regelung eingeführt, daß der Lagerinnenbereich („hinter Draht")
von Justizbeamten übernommen wird, während die Bewachung

---

[46] Archiv T.X.H. Pantcheff.

des Lagers und der Gefangenen außerhalb der Lager („vor Draht") der SA obliegt.

Als **Albert Sommer** 1942 in das Lager II eingeliefert wird, ist die Trennung nur noch nach außen hin an den grünen Uniformen der Justizbeamten, „Die Grünen", und den blauen Uniformjakken der SA, „Die Blauen", zu erkennen. Tatsächlich unterscheiden sich die Behandlungs- und Mißhandlungsmethoden kaum voneinander, da Schäfer es in den vergangenen Jahren geschafft hat, personell den Justizbereich wieder erfolgreich mit „seinen SA-Kameraden" zu durchsetzen.

Außerdem lernt **Albert Sommer** das von Schäfer bereits 1934 eingeführte System der „Gefangenselbstdisziplinierung" kennen, das beispielgebend für das gesamte nationalsozialistische Konzentrationslagersystem wurde. Das System der Kalfaktoren und „Kapos", ein Wort, dessen Entstehung zwar umstritten ist, in diesem Falle aber am ehesten mit „Kameradschaftspolizei" oder im Soldatenjargon „Kameradenschwein" zu erklären ist.

Dieses System ist als Neuling anfangs bestimmt schwer zu durchschauen. Da gibt es Mitgefangene, die Befugnisse in dem Barakkenraum besitzen, wie zum Beispiel Barackenälteste, Stubenälteste, Saalälteste, Tischälteste und die Bettenausrichter, daneben zahlreiche abkommandierte Gefangene, wie Arbeitsanweiser, Küchenkommandierte, Revierhelfer, Schreiber, Kommandierte für die Kammern, die Kartoffelschälgruppe, die Gartengruppe, die Straßenrotten und viele mehr.

Die Machtstellungen unter ihnen sind unterschiedlich. Während die Barackenführer von der Zentralverwaltung „ernannt" werden, wählen die Platzmeister alle übrigen „Privilegierten" aus den Gefangenen der übelsten Sorte aus, die wegen ihrer Brutalität bekannt und gefürchtet sind. So existiert ein „Kommando der Schreckensherrschaft" in den eigenen Reihen. Sie schlagen, stehlen Essensrationen und entwenden Gegenstände aus den Spinden der Mitgefangenen.

Die „Vorarbeiter" buhlen um die Gunst ihrer „Vorgesetzten". Sie prügeln ihre Mitgefangenen und beuten sie gnadenlos aus, um selbst gewisse ihnen zustehende Vergünstigungen, wie zum Beispiel die Befreiung von schweren Arbeiten, nicht zu verlieren. Wir wissen nicht, welche Schikanen und Qualen **Albert Sommer** ertragen muß. Das ist auch bestimmt besser so. Um aber wenigstens einen kleinen Einblick zu erhalten, sollen an dieser Stelle nur Fakten der Mißhandlungs- und Foltermethoden sowie der Schikanen zur Freude oder zum Vertreiben der Langeweile des Justiz- und Wachpersonals aufgeführt werden:

- Ständiger Einsatz von Gummiknüppeln, Stahlfedern, mit Sand gefüllten Gartenschläuchen, Stöcken und Knüppeln zum „Brechen des Widerstandes" (auch wenn es gar keinen Widerstand gibt).

- Schlagen mit dem Seitengewehr und Stoßen mit dem Kolben des Karabiners 98k.

- Treten mit den Stiefeln, Prügeln mit Händen und Fäusten.
  Beispiel: Am 7.6.1943 berichtet der Regierungsmedizinalrat Dr. Hillmann dem Kommandeur, daß er bei einer Krankenvisite bei dem Gefangenen Klingenstein im Lager II ausgedehnte Hämatome an beiden Oberschenkeln und an dem dick geschwollenen Hodensack festgestellt hat. Er weist auf eine starke Mißhandlung hin. Klingenstein stirbt am 19.6.1943. Als Todesursache wird eingetragen: Magen- und Darmkatarrh.

- Strafsport auf dem Sportplatz neben dem Lager. Laufen und robben bis zum Umfallen, meistens nach der ohnehin schweren Arbeit beim Einrücken ins Lager. So duldet beispielsweise ein verantwortlicher Beamter für den Strafsport, daß man einen alten, weißhaarigen

Strafgefangenen kurzerhand an den Füßen an der Querlatte des Fußballtores aufhängt, weil er den Anstrengungen des sogenannten „Sportes" nicht gewachsen ist.

- Besondere Schikanen, wie der sogenannte „Bärentanz", bei dem sich der Gefangene solange um sich selbst drehen muß, bis er vor Erschöpfung oder Schwindel zusammenbricht.

- Budenzauber, bei dem die Betten eingerissen und die Spinde geleert werden. Anschließend müssen die Gefangenen wegen der angeblich nicht sauberen Baracke auf dem Bauch liegend den „Staub" vor sich her blasen.

- Das Bauen von „Moordenkmälern", bei dem der Gefangene sich schwere, nasse Torfsoden auf den Kopf legen und unter die Arme klemmen muß, um dann auf einem aus dem Moorwasser ragenden Torfstück in gerader Haltung längere Zeit stehen zu bleiben. Natürlich mit dem Gesicht in die Sonne oder in den Wind. Das Moorwasser läuft in die Holzschuhstiefel, und die Füße sind abends mit Blasen übersät.

- Zur Erschwerung der Arbeit das Verbot, mit der voll beladenen Schubkarre die befestigte Straße zu benutzen.

- Ganz besonderer (unsinniger) Wert wird auf Anordnung des Kommandeurs Schäfer auf den Bettenbau gelegt. Der Gefangene Hans Frese berichtet über diesen Vorgang im Lager III Brual-Rhede:

„So etwas Verrücktes hält man draußen nicht für möglich. Als ob man den Krieg damit gewinnen will, so ein Wert wird darauf gelegt.: Da ist der Strohsack zuerst aufzuschütteln, dann ist mit den Bettbrettern ein Kante in den Strohsack zu bringen, dann kommt eine Unterdecke über denselben, dann das Laken, dann ist eine Decke richtig in den Bezug zu ziehen, und vor allen Dingen muß der Bezug mit der Decke richtig auf dem Strohsack liegen. Karolinie muß auf Karolinie liegen, nichts Schiefes und Krummes darf sich zeigen. Dann kommt das Kopfkissen an die Reihe mit der gleichen Arbeit. Es wird dann eine Schnur gespannt, damit alle Schlafsäcke und Kopfteile in der gleichen Höhe und Richtung sind. Wehe dem, bei dem die Karolinie nicht richtig verläuft! Unweigerlich wird das Bett eingerissen, und man fängt wieder von vorne an. Die Arbeit für das Bett dauert eine Stunde. Resultat: Man erhält die Morgensuppe kalt oder überhaupt nicht.“ [47]

- Zu diesen alltäglichen „Strafmaßnahmen" kommen natürlich noch die „echten" Strafen. Auch sie werden entgegen den Festlegungen in ihrer Durchführung verfälscht, verschärft und so angewandt, wie es der jeweilige Lagerleiter für richtig hält.
Als Strafen kommen insbesondere in Betracht:
Einbehalten von Frühstück, Mittagessen oder Abendessen jeden 2. Tag, oder nur eine Ausgabe von Wasser und Brot.
Normale Haft, bestehend aus Einzelhaft bei nichts anderem als Wasser und Brot. Schlafen ohne Matrat-

---

[47] Henze, Wilhelm: Hochverräter raus. Hrsg. von Habbo Knoch, Bremen 1992, S. 199.

ze. Keine Bewegung des Gefangenen. Aussetzen der Maßnahme an jedem 4. und 8. Tag, dem sogenannten „guten Tag".
Verschärfte Haft, die wie eine normale Haft abläuft, allerdings ohne die „guten Tage". Diese Haft kann auch als Dunkelhaft durchgeführt werden.

Wir wissen, daß **Albert Sommer** während seines Aufenthaltes zwischen August 1942 und seiner späteren Überführung in das Strafgefangenenlager III Brual-Rhede September 1943 einen Fluchtversuch aus dem Lager II unternimmt. Der Versuch mißglückt. Es ist nicht bekannt, ob er, wie viele andere vor ihm, angeschossen wird, damit sich der Wachmann eine Belohnung von 25,- RM bei der Zentralverwaltung abholen kann, weil „durch Gebrauch des Gewehres die Flucht eines Gefangenen verhindert wurde", oder ob er sogar absichtlich in das Gebiet jenseits der Wachposten geschickt wurde, um dann durch die Abgabe von Schüssen als lohnendes Prämienopfer zu dienen.

Nach den Gepflogenheiten im Lager II schlägt der Lagerleiter Gerhard Setzer wegen des Fluchtversuches bei der Zentralverwaltung Dunkelhaft für **Albert Sommer** vor.

Setzer bekommt die Genehmigung und schreitet zu seiner eigenen Strafauslegung. **Albert Sommer** erhält das, was andere vor ihm schon von Setzer kennen. Er bekommt 14 Tage verschärfte Dunkelhaft in einer Einzelzelle mit totaler Zellenverdunkelung, ohne Matratze, bei Wasser und Brot, ohne Bewegung. Wahrscheinlich werden auch die Hände tagsüber vor dem Körper und nachts hinter dem Rücken gefesselt. Die eigentlich für diesen Strafvollzug vorgesehenen sogenannten „guten Tage" sind für Gerhard Setzer nicht existent.

Der Gefangene Henze berichtet darüber wie folgt:

„Am schlimmsten hat man die Menschen behandelt, die es gewagt hatten, diesen Höllen zu entfliehen. Wochenlang lagen sie in Dunkelarrest, ohne dass man ihnen, wie es sonst Brauch ist, einen guten Tag mit Licht und Mittagessen gewährte. Tagsüber waren ihre Hände nach vorne gefesselt, des Nachts waren sie über den Rücken geschlossen, dass die Handgelenke wund wurden und bluteten. Sie litten körperliche Schmerzen und seelische Pein, wurden geschlagen und getreten, litten Hunger und Durst, erhielten trockenes Schwarzbrot und oft, sehr oft, Salzwasser.“ [48]

Als **Albert Sommer** aus der Dunkelhaft entlassen wird, liegt ein Kleidungsstück bereit, das ihn von nun an stigmatisieren wird. Auf seiner Kordjacke ist ein großes weißes „F" aufgenäht worden. Es ist anzunehmen, daß er jetzt der berüchtigten und gefürchteten Strafkompanie zugeordnet wird. Für jeden sichtbar ein Fluchtverdächtiger, dem alle von nun an ihre „besondere Aufmerksamkeit" schenken. Noch härtere und gefährlichere Arbeit, noch mehr Mißhandlungen und noch mehr Schikanen. Das Überleben ist an seine Grenze gekommen, und dieses „F" wird noch von großer Bedeutung sein.

Die Insassen

Im August 1942 sind auch im Lager II Aschendorfermoor die **zivilen** Gefängnisgefangenen, Zuchthausgefangenen und die Sicherungsverwahrten bereits herausgelöst worden.

Man kann fast sagen, die ehemaligen Soldaten sind unter sich. Nur Wehrunwürdige und Kriegstäter; **politische** Häftlinge wie **Albert Sommer**, aber auch kriminelle Häftlinge.

Jedem ist klar, daß dieser Zwischenaufenthalt im Strafgefangenenlager nicht einen Tag der Strafe löscht. Hier werden keine

---

[48] Henze, Wilhelm: a.a.O. 1992, S. 100.

84

Urteile vollstreckt, sondern die Verurteilten kommen lediglich in „Freiheitsentziehung". Die eigentliche Strafvollstreckung setzt erst „nach dem Krieg" ein. Auch für **Albert Sommer** jeder Tag und jedes Jahr eine Zusatzstrafe, eine Freiheitsberaubung mit Zwangsarbeit, dessen Ende nicht absehbar ist.

Jeder, der wie er zu Zuchthaus und Wehrunwürdigkeit verurteilt worden ist, weiß auch, daß auf ihn in dem Lager „schmale Kost" und „schwere und gefährliche Arbeit" wartet und er einer „besonders strengen Behandlung mit harten Strafen" unterliegt.

aus den
Allgemeinen Heeresmitteilungen vom 21.11.39 Blat

23.

8o8. Belehrung der Truppe über Strafen und Strafvoll=
strockung im Kriege und bei besonderem Einsatz.
pp.

2. Strafvollstreckung.

Als Grundsatz gilt: Während des Krieges oder be=
sonderen Einsatz gibt es keine Verbüssung von Zucht=
haus- und Gefängnisstrafen, sondern die Verurteilten
werden in Freiheitsentziehung genommen und haben ihre
Strafen erst nach dem Kriege zu verbüssen.

Jeder Soldat, der zu Zuchthaus verurteilt wird,
ist wehrunwürdig und wird einem Straflager der Reichs=
justizverwaltung überwiesen, in diesem Straflager hat
er bei schmaler Kost schwere und gefährliche Arbeit
zu leisten und unterliegt einer besonders strengen
Behandlung mit harten Strafen.

Jeder Soldat, der zu Gefängnis verurteilt wird
und keine Gelegenheit zur Bewährung in der Front er=
hält, wird einem Straflager der Wehrmacht überwiesen.
In diesem Straflager wird der Verurteilte bei schwere
und gefährlicher Arbeit und bei schmaler Kost streng=
ster Behandlung unterworfen.

Den in einem Straflager der Wehrmacht verwahrten
Soldaten werden die Hoheitszeichen, Kokarde, Achsel=
klappen und Spiegel genommen.

O.K.H. 13.11.39
- 54 e 1o - AHA/..g/H (II a) -

Abb. 43: Sondervorschriften über den Vollzug
von Zuchthausstrafen [49]

---

[49] Kopie aus: Generalakten des Reichsjustizministeriums „Sondervorschriften
über den Vollzug von Zuchthausstrafen". Bundesarchiv R 3001/21418.

Die Arbeit

Die Art der Arbeit hat sich seit dem 25.2.1941 stark geändert. An diesem Tag schreibt der Reichsminister und Chef der Reichskanzlei Dr. Lammers an den Reichsminister für Ernährung und Landwirtschaft R. Walther Darré folgenden bemerkenswerten Brief:

Abschrift von Abschrift. *(Anlage zu RMK 121/42)*

Der Reichsminister und
Chef der Reichskanzlei

Rk.2501 B.

Berlin W 8, den 25.Febr.1941
Voßstr. 6

An den
Reichsminister für Ernährung und Landwirtschaft
Herrn R.Walther Darré
B e r l i n   W 8
Wilhelmstr. 72

Sehr verehrter Herr Darré!

Wie ich Ihnen bereits telefonisch mitgeteilt habe, wünscht
der Führer, daß die jetzt noch vorhandenen Moore in Deutschland
erhalten bleiben und nicht mehr, wie bisher, kultiviert werden

Der Führer ist der Auffassung, daß unser Klima ebenso
wie durch die Wälder auch durch die Moore günstig beeinflusst
wird, und daß die völlige Beseitigung der Moore unabsehbare
klimatische Folgen haben würde.

Des Weiteren glaubt der Führer, daß die Moore natürliche
Wasserspeicher darstellen, die bei starken Niederschlägen oder
bei rascher Schneeschmelze überschüssiges Wasser aufnehmen, um
es in trockenen Zeiten wieder abzugeben und daß auf diese Weise
ein Ausgleich zwischen Hochwasser und Niederwasser der Fluß-
läufe erfolgt, dessen Beseitigung infolge Kultivierung der
Moore gefährliche Folgen haben könnte.

Die Neugewinnung von land- und forstwirtschaftlich genutzte
Fläche durch Trockenlegung der Moore muss nach Auffassung des
Führers demgegenüber zurücktreten, was umso eher in Kauf genommen werden kann, als uns die Erfolge dieses Krieges neues Wald-
und Ackerland in reichlichem Masse eingebracht haben.

Ich darf Sie bitten, in diesem Sinne das Erforderliche zu
veranlassen und mir von dem Geschehenen zwecks Unterrichtung
des Führers Mitteilung zu machen.

Heil Hitler!
Ihr sehr ergebener
gez.Dr.Lammers

z.d.A. Ödlandkultivierungen (Emsland pp.)

Abb. 44: Hitlers Befehl zur Einstellung
der Kultivierungsarbeiten. [50]

---

[50] Hauptarchiv(ehem. Preuß. Geheimes Staatarchiv) Berlin-Dahlem, Bundesarchiv Berlin, Rep. 325, Nr. 1215.

Ich bin schon fast geneigt anzunehmen, daß Adolf Hitler der Erfinder der „Klima- und Umweltideologie" ist.

Der tatsächliche Grund wird darin gelegen haben, daß das enorme Potential an Arbeitskräften in immer stärkerem Maße für kriegswirtschaftlich wichtige Betriebe und für die Landwirtschaft gebraucht wird. Die Moorarbeit geht zwar trotz der Einstellung des großen Kultivierungsprojektes weiter, aber immer mehr Gefangene werden jetzt in Schwerarbeit in der Landwirtschaft und vor allem in verschiedenen Fabriken außerhalb von Lager II Aschendorfermoor eingesetzt, ab Mitte 1943 auch in Fabriken, die den Lagern III Brual-Rhede und VII Esterwegen angeschlossen sind.

Ab 28.10.1942 erhöht ein vom Staatssekretär Robert Freisler, dem späteren jähzornigen und cholerischen Blutrichter und Präsidenten des Volksgerichtshofes, gezeichneter Erlaß die Gefangenenarbeit auf täglich 12 Stunden. Schon in dieser Eigenschaft als Staatssekretär ist sein Name Programm, sorgt er doch mit dieser Maßnahme für höhere Krankenraten und mehr Sterbefälle in den Strafgefangenenlagern.

Jedem Strafgefangenen steht ein Arbeits**belohnungs**satz zu, der für Gefängnisgefangene 22 RPf. Und für die Zuchthausgefangenen 18 RPf. **pro Tag** beträgt.

Albert Sommer erhält also im Durchschnitt bei einer Arbeitszeit von 12 Stunden täglich, jede Woche zu 7 Arbeitstagen eine monatliche „Belohnung" von 5,40 RM, oder umgerechnet pro Arbeitsstunde 1,5 RPf.

Es handelt sich absichtlich nicht um einen Arbeitslohn, sondern um eine Arbeitsbelohnung. Nur so kann der Staat verhindern, daß Rentenversicherungsbeiträge gezahlt werden müssen, die dem Strafgefangenen irgendwann einmal einen Rentenanspruch erwachsen läßt.

Essen, Erkrankungen, Tote

Beim Eintreffen von **Albert Sommer** haben sich die Lebensbedingungen durch die absolut unzureichende Verpflegung extrem verschlechtert. Man ist in den Lagern weit von den vor dem Krieg angedachten 3.500 Kal./tgl. entfernt. Das Essen ist eintönig, wäßrig, überwiegend fettfrei und absolut nicht ausreichend. Die für die Bestrafung vorgesehene „schmale Kost" wird ständig weit unterschritten.

Der Regierungsmedizinalrat Dr. Hillmann weist immer wieder auf die unzureichende Ernährung und die damit verbundene Verminderung der Arbeitskraft der Gefangenen hin. Er warnt vor einem starken Anstieg der Erkrankungen an Darmkatarrh und befürchtet eine rapide Erhöhung der Sterblichkeitsziffern. Seine Appelle und Ratschläge stoßen auf taube Ohren. Allein zwischen dem 1. April 1942 und dem 15. Juni 1942 sterben 7 Gefangene an Hunger (ohne Anzeichen einer organischen Ursache) und 14 Gefangene an Magen- und Darmkatarrh.

Im September 1942 ist die Zahl der stationär Erkrankten auf 14-15 % angestiegen, und außer den Betten des Hauptlazarettes im Marienkrankenhaus in Papenburg sind in den Lagerkrankenrevieren ständig 375 Betten belegt.

Hinzu kommt noch, daß es sich bei dem zum Sanitäter ausgebildeten älteren Gefängniswärter nach den späteren Feststellungen der Engländer normalerweise um ein „Untier erster Ordnung" handelt, der oft die sich krank meldenden Gefangenen fortschickt, ohne sie mit dem Arzt sprechen zu lassen.

Im August 1942 werden 57 Todesfälle gemeldet, und in den folgenden 12 Tagen bis zum 12.9.1942 sterben weitere 29 Gefangene.

Wasseransammlungen im Körper infolge Unterernährung und Magen- und Darmkatarrhe sind an der Tagesordnung. Von den 482 Todesfällen 1942 sterben in der Zeit von April bis Dezember 1942 319 Gefangene, davon 220 an Durchfall.

Ständig müssen 28% aller Gefangenen an den Folgen der Mißhandlungen behandelt werden. Und das sind nicht immer dieselben Personen.

Am 15.6.1942 schreibt Dr. Hillmann an den Beauftragten für die
Zentralverwaltung, daß die Verpflegung nur noch für die nicht
arbeitenden Gefangenen soeben ausreicht, um die körperliche
Substanz zu erhalten. War bisher bei 28% der Gefangenen eine
Gewichtsabnahme feststellbar, so sind innerhalb von 3 Monaten
nunmehr 58% davon betroffen.

Keine rosigen Aussichten für **Albert Sommer**, der bei seiner
Größe von 1,64 m aus vergleichenden Aufzeichnungen zu dieser
Zeit vielleicht noch 50-55 kg wiegt.

Tagesablauf

Der Tagesrythmus läuft für die Gefangenen unter „normalen"
Umständen immer nach dem gleichen Schema ab.

Im Sommer wird um 4.15 Uhr und im Winter um 5.00 Uhr geweckt. Es sei denn, die Weckzeit ist vom Barackenältesten um
eine bis eineinhalb Stunden vorverlegt worden, um eine extra
Übungseinheit für den Bettenbau einzulegen. Der Barackenälteste
und die Bettenbauer treten in Funktion. Sie treiben die Gefangenen zu dem bereits geschilderten, übertriebenen „Bettenbau" an.
Es wird geschrien, fertige Betten werden als nicht gut eingestuft
und wieder eingerissen. Bettbretter sausen zur Strafe auf so
manch einen Kopf und Rücken.

Erst danach dürfen die Gefangenen sich waschen und auf den
Aborten hinter der Rückseite der Baracken ihre Notdurft verrich-
ten.

Die Tischältesten sorgen für die Ausgabe des Morgenessens, das
aus einem halben Liter Suppe und einem Stück Brot besteht.
Eingenommen wird die Mahlzeit in dem vom Schlafbereich abgetrennten gemeinschaftlichen Eß- und Aufenthaltsraum, der im
Winter um diese Tageszeit noch nicht beheizt ist. Viele werden

ihren Eßnapf kostbar in den Händen halten, da es immer wieder vorkommt, daß der Tischälteste aus oft unersichtlichen Gründen „aus Versehen" den Tisch umwirft, sodaß viele dann ohne Essen den Arbeitstag beginnen müssen. Pünktlich um 7.00 Uhr wird zum Morgenappell angetreten. Alles streng militärisch. Die Vollständigkeit wird durch Abzählen festgestellt, die „Grünen" sortieren die Kranken aus, und der Platzmeister teilt die Arbeitsgruppen ein.

Mittags wird auf den Arbeitsstellen eine halbstündige Pause eingelegt. Die Gefangenen verzehren in dieser Zeit ihre Tagesverpflegung, die sie bereits am Abend zuvor erhalten haben. Bei vielen ist gar keine oder nur noch ein Teil der Ration vorhanden, weil Mitgefangene Essensdiebstahl begehen, oder aber die Portion schon aus Hunger zwischenzeitlich aufgegessen wurde.

Gegen 17.00 Uhr rücken die Gefangenen ins Lager ein. Immer wieder kommt es dabei vor, daß noch Strafsport oder Strafexerzieren als Kollektivstrafe auf dem Sportplatz angeordnet wird.

Wieder heißt es militärisches Antreten zum Abendappell. Anschließend wird im Eßraum die Abendverpflegung eingenommen. Viel Zeit zur freien Verfügung bleibt nicht.

Für den einen oder anderen ist die Sechswochenfrist um. Er darf wieder einen zensierten Brief schreiben. Die Schriftart ist vorgeschrieben, über das Lager darf nichts berichtet werden und Verstöße ziehen empfindliche Bestrafungen nach sich. Der Gemeinschaftsraum wird im Winter nur unzureichend durch einen Kanonenofen beheizt.

Um 20.00 Uhr werden die Baracken abgeschlossen, das Licht wird ausgeschaltet. Die Fenster sind zwar nicht vergittert, aber sollte sich noch ein Gefangener außerhalb der Baracke bewegen, muß er bei den hellen Nachtstrahlern mit sofortigem Beschuß durch die „Blauen" rechnen.

Der Schlafraum ist nicht beheizbar. Er darf von den Gefangenen nur mit Socken betreten werden. Geschlafen werden darf nur in Hemd und Unterhose, und seit Beginn des Krieges müssen alle, auch in der Winterzeit, mit nur zwei Decken auskommen. Bei strengem Frost ist es in den Baracken empfindlich kalt, und die Gefangenen können oft keinen Schlaf finden.

So also stellt sich die Situation im August 1942 für **Albert Sommer** dar.
Über seine Arbeitseinsätze im Lager II Aschendorfermoor ist uns nichts bekannt. Er meldet sich auch nicht für die in dieser Zeit laufende Aktion zur Abstellung von 2.000 Gefangenen aus allen Lagern für die Organisation Todt zum Bau von Verteidigungsanlagen und Verkehrswegen in Nord-Norwegen, trotz der Versprechungen, daß es dort besseres Essen gibt. Vielleicht ist er aber aus Krankheitsgründen oder wegen zu schwacher körperlicher Konstitution gar nicht dafür in Frage gekommen.

Drei Monate nach seiner Ankunft herrscht im Lager eine organisatorische Hektik anderer Art. Die SA-Pionierstandarte 10 „Emsland" feiert den 9. Jahrestag ihres Einsatzes in den Emslandlagern in der Gemeinschaftsbaracke des Lagers II.
Begrüßungsreden und markige Worte dringen nach außen, Obersturmführer Sauthoff verliest einen Brief des Oberführers Schäfer an seine SA-Männer und Obergruppenführer Böhmcker spricht von dem totalen Krieg, der um Sein oder Nichtsein geführt werde, und daß es weder einen faulen Frieden noch einen Kompromißfrieden oder eine Verständigung geben könne.
Musikfetzen sind in den Gefangenenbaracken zu hören. Eine Varietégruppe der NS-Gemeinschaft „Kraft durch Freude" ist angereist. Zu dem Unterhaltungstroß gehören die Solotänzerin Dorothea Matwell, die Steptänzerin Marga Ramona, die noch jugendlichen Geschwister Bretten mit Trapezakt und Parterreakrobatik, der Zauberer Willi Wesseli, die bekannte Parodistin Cläre Pilarek und nicht zu vergessen die Kapellmeisterin Edit Lehner.

Natürlich sind das für uns heute nur Namen „ohne Schall und Rauch". Aber einen Namen muß ich hier noch besonders erwähnen, den Namen des Mannes, der später noch in ein anderes Rampenlicht treten wird: Karl Schütte. Er ist Leiter des Musikzuges der SA-Pionierstandarte 10 „Emsland", für den auf dem Gelände des Lagers II extra eine große Musikzugbaracke errichtet wurde. Auch Karl Schütte macht Musik. [51]

Lager III Brual-Rhede

Am 9.5.1935 berichtet die ebenfalls „gleichgeschaltete" Emszeitung:

> *„Mitten im Moor von Rhederfeld wurde ein großes, modern eingerichtetes Lager erbaut, das in 22 sauberen Baracken bis zu 1.000 Mann Unterkunft geben kann. Ein eigenes Wasserwerk versorgt das Lager mit gutem Leitungswasser. Auch Elektrizitätsanschluß ist vorhanden."* [52]

Zu diesem Zeitpunkt steht das Lager im nördlichen Teil des Bourtanger Moores bereits ein Jahr. Die ursprüngliche Planung 1933 sah hier die Errichtung des Lagers als „KL Katzenburg" vor. Und tatsächlich stehen keine 22 sondern 10 Baracken für die Gefangenen auf dem Gelände.

---

[51] Kosthorst/Walter: a.a.O. 1983, S. 1123ff.
[52] Kosthorst/Walter: a.a.O. 1983, S. 1035.

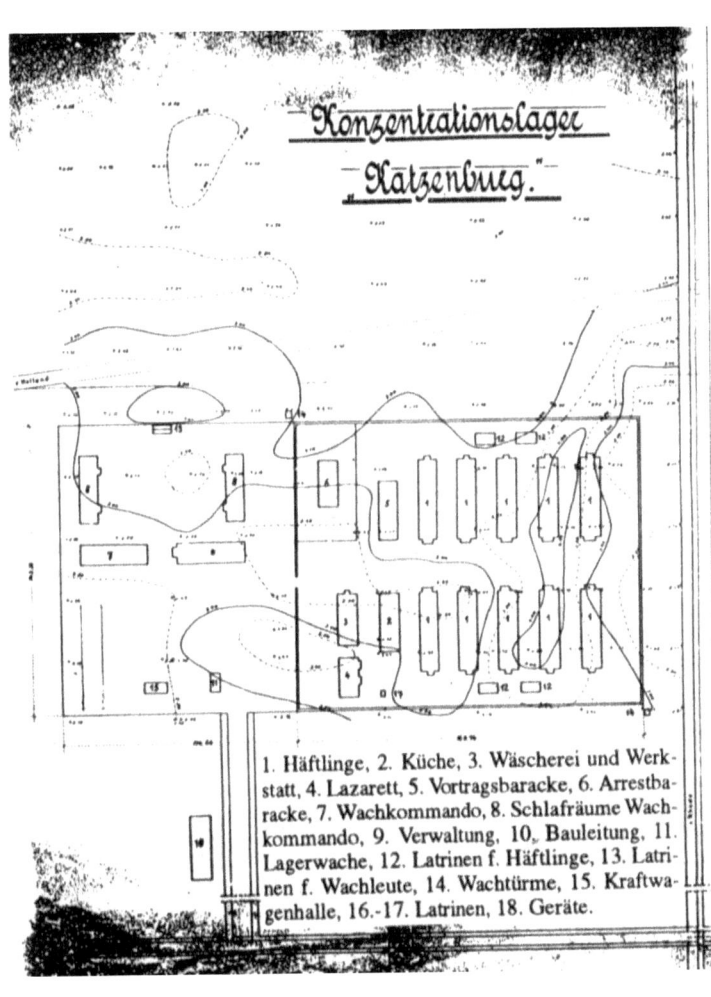

"Konzentrationslager
Katzenburg."

1. Häftlinge, 2. Küche, 3. Wäscherei und Werkstatt, 4. Lazarett, 5. Vortragsbaracke, 6. Arrestbaracke, 7. Wachkommando, 8. Schlafräume Wachkommando, 9. Verwaltung, 10, Bauleitung, 11. Lagerwache, 12. Latrinen f. Häftlinge, 13. Latrinen f. Wachleute, 14. Wachtürme, 15. Kraftwagenhalle, 16.-17. Latrinen, 18. Geräte.

Abb. 45: Lageplan Lager III Brual-Rhede
vom 10.11.1933 [53]

[53] Niedersächsisches Landesarchiv – Staatsarchiv – Osnabrück, K gesamt 51 Brual-Rhede Nr. 1 Bl. 1.

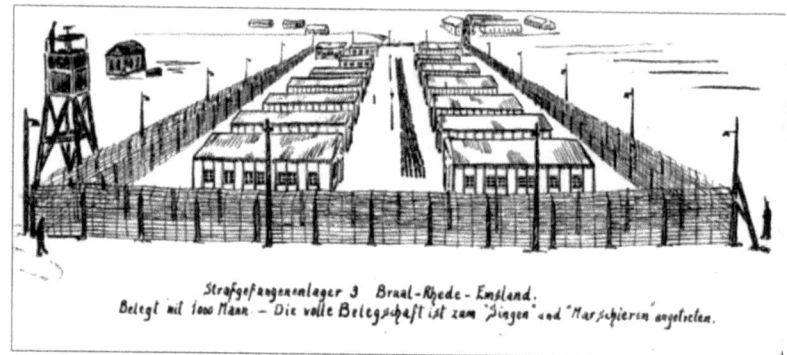

Abb. 46: Lager III Brual-Rhede (Originalbeschriftung s.o.),
nach einer Zeichnung von Wilhelm Henze, politischer Gefangener im Lager
III Brual-Rhede 1934/35.[54]

Der Krieg erfordert ständig neue Produktionsstätten. Im Frühjahr 1943 errichtet die Maschinenbaufirma Klatte aus Bremen-Huchting sowohl neben dem Lager VII Esterwegen als auch kurze Zeit später bei dem Lager III Brual-Rhede ein Werk für die Flugzeugrüstung zur Produktion von Abgasmotoren für die Bayrischen Motorenwerke sowie Zellen- und Triebwerksbau.[55]
Für das Lager III kommen 300 Strafgefangene zum Arbeitseinsatz.[56] **Albert Sommer** ist einer von ihnen. Ende September wird sein Name der Transportliste Nr. 760 (Neuankömmlinge aus Richtung Münster kommend) zur Verlegung in das Lager III Brual-Rhede hinzugefügt.[57]

---

[54] AK DIZ Emslandlager e.V., Papenburg.
[55] Henze, Wilhelm: a.a.O. 1992, S. 195. Kosthorst/Walter: a.a.O. 1983, S. 1401 und 1976.
[56] Henze, Wilhelm: a.a.O. 1992, S. 195. Kosthorst/Walter: a.a.O. 1983, S. 1457 (die 800 verteilen sich auf 500 in Lager VII und 300 in Lager III).
[57] Anmerkung d. Verf. I und H.P: Es ist durchaus auch möglich, daß es sich um eine erneute Einlieferung nach einem Fluchtversuch handelt.

Nr.	Name	Vorname	Geboren	Beruf	Straftat	Zeit
Nicht Vorbestrafte.						
1.	A u g a			Bäcker	Angr.auf Vorges.	1o
2)	F e r e n			Ausoher	Selbstverst.	1o
3)	K r a u			Bahlmeister	Zers.der Wehrkr.	6
4)	K r ü g			Maschinist	Militr.Diebst.	1,6
5)	N a u n			Fuhruntern.	Zers.der Wehrkr.	6
6)	T h e u e			Angestellter	Militr.Diebst.	3
7)	V o r w			Maschinist	Diebstahl	8
Gestrauc						
8)	M a n i			Angestellter	Unteranl.	5
Vorbestr						
9)	B o r o			Hilfsarbeiter	Unerl.Entf.	7
10)	O h r i			Seemann	Diebstahl	2
11)	H o f f m			Buchhalter	Unerl.Entf.	1o
12)	K o s l			Melker	Militr.Diebst.	1,6
13)	K r ä m			Eisendreher	Diebstahl	3
14)	S o h m			Bäcker	Schmuggel p.p.	1o
Jugendli						
15)	M a t h			Monteur	Falsche Angaben	12
16)	P i e r			L.Arbeiter	Fahnenfl.	8
17)	R e n o			Schäfer	" "	1o.
Transport am 29.9.1943 aus Richtung Münster.						
Nicht Vorbestrafte.						
18.	D i 1 1			Berufssoldat	Zers.d.W.	1o
19.	F i o h			stud.mach.	Fahnenfl.	5
20.	G r y s			Tiefbauarb.	Körperverl.	1o
21.	H ö l t			Techniker	Unerl.Entf.	2,2
22)	H r e l			Dreher	Feigheit	1,6
23.	J e n i			Dreher	Fahnenfl.	8
24.	P i e k			Berufssoldat	Zeugenmeineid	1,6
25.	R e i t			Bankangest.	§ 175	7
26.	S w o b			Kraftfahrer	Tätl.Angr.	4
27.	S c h o			Kraftfahrer	Wehrm.-Besch.	4
28.	W e b e			Bäcker	Zers.d.W.	1,7
29.	W i n k			Arbeiter	milit.Diebst.	3
trauche						
30.	H i l l			Kraftfahrer	Notzucht	1,9
31.	L ä m m			Klempner	Fahnenfl.	1o
Vorbestraft						
32.	H ü r l			Schlosser	Unerl.Entf.	2,6
33.	R ö t r					
33.	W e l t			Landwirt	Fahnenfl.	5
34.	W e t t			Schlosser	Notzucht	1o
35.	Z a n i			Kraftfahrer	Notzucht	8
Vorbestraf						
36.	B ü r g			Arbeiter	Unerl. Entf.	6
37.	D i t t			Schneider	Fahnenfl.	1o
38.	E h r h			Kellner	§ 175	3
39.	M ü l l			Baggerer	Fahnenfl.	8
40.	S a n d			Schlosser	milit.Diebst.	3,6
41.	S c h r			Kaufmann	Diebst. pp	1,5
42.	W o h l			Zimmermann	Diebst. pp	5
43.	W e i ß			Schreiber	Meuterei	3
44.	W i n k			Bäcker	milit.Diebst.	2
Jugendliche.						
45.	▮▮▮▮▮▮	Anton	23.5.24	Schlosser	Fahnenfl.	12
46.	▮▮▮▮▮▮	Johann	8.1.23	Galvaniseur	Fahnenfl.	15
47.	▮▮▮▮▮▮	Paul	25.1.17			
48.	S o m m e r	Albert	2.6.18		} Lager III	
49.	▮▮▮▮▮▮	Richard	5.2.21			

Abb. 47: Verlegung oder Neuzuführung nach einem Fluchtversuch
des **Albert Sommer**
in das Lager III Brual-Rhede. [58]

[58] Niedersächsischen Landesarchiv – Staatsarchiv – Osnabrück, Rep 947 Lin I Nr. 167..

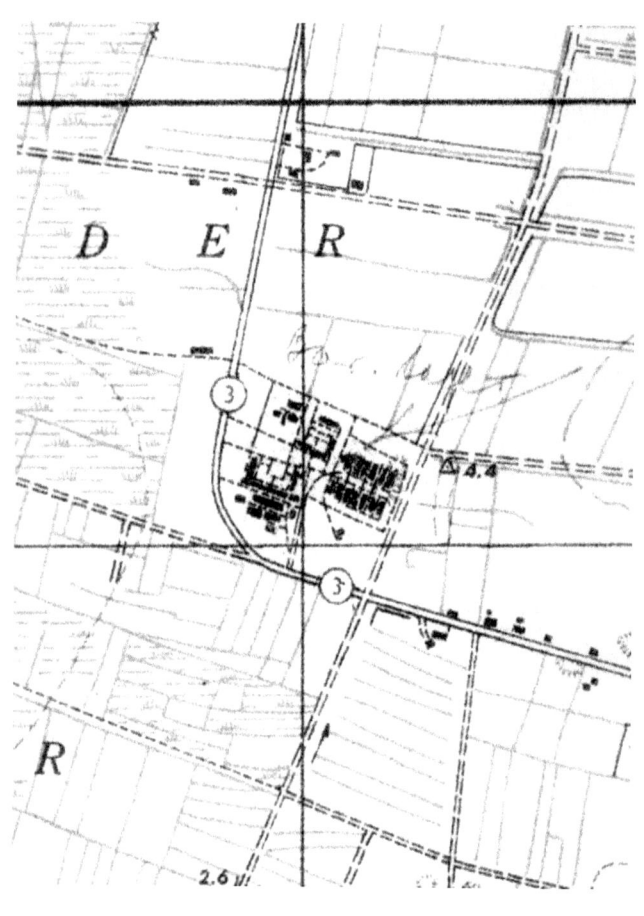

Abb. 48: Lager III Brual-Rhede 1944,
in der Südwestecke ist deutlich das Klatte-Werk zu erkennen [59]

[59] Ausschnitt aus einer topographischen Karte des Army Map Service, US
Army Washington D.C. 134149 von 1944. Quelle: Auszug aus den Geobasis-
daten der Niedersächsischen Vermessungs- und Katasterverwaltung. © 2013
LGLN

Rhede (Ems). Lager II V. Ehrenmal und Springbrunnen

Abb. 49: Anblick bei der Ankunft im Lager III Brual-Rhede,
das von der SA errichtete Ehrenmal mit
Springbrunnen (eine Ansichtskarte). [60]

---

[60] Archiv Heinrich Heeren, Meppen.

Abb. 50: Die Lagerwache des Lagers III Brual-Rhede,
ein täglicher Anblick für **Albert Sommer**
beim Weg zum und vom Arbeitseinsatz
im Rüstungsbetrieb Klatte. [61]

Seine Arbeitskarte gibt uns noch einmal ein paar Einblicke in sein
Leben. Nach der ärztlichen Aussage ist er o.B. (ohne Befund),
und er wird als gemeinschaftsfähig bei Tag und Nacht angesehen.
Der Arbeitseinsatz besteht in allgemeiner Metallarbeit, und die
Verbüßung seiner Strafe beginnt erst „ab Kriegsende". Aber eine
kleine Rubrik macht deutlich, daß bei **Albert Sommer** Fluchtge-
fahr besteht.

---

[61] AK DIZ Emslandlager e.V., Papenburg, Sammlung Martin Hoogestraat,
Lingen.

Außenarbeitsfähig	Innenarbeitsfähig	Beschränkt arbeitsfäh.	Arbeitsunfähig
Anstalt: Strafgef.Lager III Brual-Rhede	**Name:** Sommer, Albert **Geburtsjahr:** 2.6.18 **Gef.Buch N.** 914/43	**Staatsangehörigkeit:** DR	**Nr. des Berufs- verzeichnisses:** 3 a / c
Straftat Ems	Zers.Der Wehrkraft		
Strafzeit und -art	1o Jahre Zuchthaus		
Strafende, Überhaft	"ab Kriegsende"		
Gemeinschaftsfähig	Bei Tag: ja / Bei Tag und Nacht: ja / Fluchtgefahr: ja		
Besondere ärztliche Bemerkungen	o.B.		
Werdegang und Beruf	4 Jahre als Kranführer tätig gewesen, ohne Abschl.-Prüfg.	Arbeitsbetrieb:	
Anlernfähig? ja	a. als Metallarbeiter im allgemeinen: ja / b. als Fein- mechaniker		

Abb. 51: Arbeitskarte des **Albert Sommer**
für die Firma Klatte-Brual. [62]

Die Strafgefangenen müssen in 12-Stunden-Schichten arbeiten,
und die Tätigkeit ist als Schwerstarbeit eingestuft. Dadurch wird
die Lebensmittelzuteilung als sogenannte Schwerstarbeiterzulage
zu Lasten der Firma Klatte um 280 g Fleisch und Innereien, 200g
Fett und 1.400 g Brot **pro Woche** erhöht, aber die Tatsache, daß
alleine im Jahre 1944 im Lager III fast jeder 10. Strafgefangene
stirbt, spricht eine eigene Sprache. [63]

---

[62] ITS in Bad Arolsen. Kopie den Verfassern zur Verfügung gestellt.
[63] Kosthorst/Walter: a.a.O. 1983, S. 1951 und S. 1949.

Diese höchste Todesrate läßt nur einen Schluß zu: Das Verhältnis der Schwerstarbeit zur Verpflegung führt zu schlechteren Überlebenschancen als in den anderen Lagern. Nur der Vollständigkeit halber erwähne ich auch hier, daß der Gummiknüppel ständiger Schmerzbereiter ist und insbesondere dann mit Elan eingesetzt wird, wenn Gefangene am Feuer (Ofen) stehend erwischt werden. [64]

In diesem Jahr kann **Albert Sommer** die Wortfetzen der SA-Feier „10 Jahre Wachtruppe im Moor" nicht hören, die Veranstaltung findet mit großem Aufwand und Varieté-Programm am 27.11.1943 im Lager VII Esterwegen statt. Schade, sonst wären vielleicht Sätze zu hören gewesen wie:
„So feiern wir das zehnjährige Bestehen trotz der Schwere der Zeit" oder *„Die Feier fällt in eine schwere, wenn nicht die schwerste Zeit dieses Krieges"* oder *„Mag uns auch ein noch so schwerer Kampf bevorstehen, so wissen wir doch, daß genau wie in der Kampfzeit um die Macht Krisen unvermeidlich sind."*
Und er hört auch nicht noch einmal die „Lieder der Nation" (Anm. d. Verf. „Deutschlandlied" und „Horst-Wessel-Lied"), die von den SA-Männern und deren Gästen stehend und mit erhobener rechter Hand gesungen werden.
Fast hätte ich es vergessen. Leider hört man auch nicht, daß Karl Schütte wieder Musik macht. [65]

Am 15.12.1943 schreibt **Albert Sommer** rechtzeitig zu Weihnachten aus der Baracke 7, Lager III Brual-Rhede einen Brief an seine Eltern. Es ist nur der Briefumschlag ohne Inhalt erhalten geblieben, aber es fällt auf, daß es kein „Lagerumschlag mit Zensurstempel" ist. Der Briefumschlag gibt Rätsel auf, die nicht mehr zu lösen sind.

---

[64] Kosthorst/Walter: a.a.O. 1983, S. 1963.
[65] Kosthorst/Walter: a.a.O. 1983, S. 1126.

Abb. 52 u. 53: Briefumschlag des **Albert Sommer** an seine Eltern
zu Weihnachten 1943

Die Zeit des Umbruchs

Das Jahr 1944 ist geprägt von einschneidenden Ereignissen. Der Krieg hat für Deutschland weitere negative Entwicklungen genommen, und die Emslandlager werden verstärkt in die Planungen der Wehrmacht einbezogen.
Seit Beginn des Jahres ist auch der Lagervorsteher des Lagers III, Oberinspektor Hilmar, in Personalunion Vorgesetzter der „Blauen" geworden. Ihm untersteht jetzt auch die Wacheinheit „vor Draht" mit ihrem Einheitsführer. [66]
Das Reichsjustizministerium stellt in dem Zeitraum von Februar bis Mai Überlegungen an, für entwichene und wiedereingebrachte Strafgefangene [gemeint sind Strafgefangene aus Strafanstalten im gesamten Reichsgebiet] Sonderanstalten einzurichten. Hierbei werden drei Anstalten mit besonders schwerer Arbeit und erschwerten Fluchtmöglichkeiten genannt:

> *1. Ensisheim betr.: Arbeit im Kalibergwerk, weit unter Tage, bei großer Hitze, in gebückter oder liegender Stellung.*

> **2. Papenburg betr.: Bei jedem der dortigen Lager besteht bereits eine „Strafkompanie", die Zuteilung zu ihr ist eine dem Lagervollzug eigentümliche Art der Hausstrafe (Nr. 182 Abs. 1 VollzO. Am Ende). Der Vollzug in der Strafkompanie ist mit besonderem Drill, der Auferlegung besonders unangenehmer Arbeiten usw. verbunden und bedeutet eine wesentliche Erschwerung der an sich schon harten Moorarbeit.**

> *3. Strafgefangenenlager Nord betr.: Wie dem Unterzeichneten bei der gestrigen Rücksprache mit einem Beauftragten des Herrn*

---

[66] Kosthorst/Walter: a.a.O. 1983, S. 1987.

Reichsministers Speer bestätigt worden ist, handelt es sich dort nicht nur um höchst wichtige und vordringliche, sondern auch besonders harte Arbeiten. Fluchtmöglichkeiten sind wegen der Abgelegenheit und Weglosigkeit des Arbeitsgeländes nahezu ausgeschlossen (lt. Mitteilung des Sachbearbeiters im Ministerium Speer). Das Ministerium Speer ist hier für jeden Mann dankbar. [67] [68]

Der Ausgang des Verfahrens ist nicht exakt zu ermitteln.

Am 22. März 1944 fällt der Startschuß für eine ganz neue Epoche der Lager I-V und VII. Es beginnt die Zeit der „geheimen" Anweisungen und Planungen, es beginnt die Zeit der „Listen". Ich werde eine dieser Listen im weiteren Verlauf „Thiels Liste" nennen, nach dem Kommandeur der Strafgefangenlager Dr. Richard Thiel.
An diesem 22. März legt der Verwaltungsleiter und Vertreter Thiels, Dr. Ewald Ottinger, aktenmäßig einen neuen Vorgang an, wie es in der Verwaltungssprache heißt.
„Geheim", mit der Bezeichnung „Auswahl gefährlicher Gefangener" und gerichtet an die Vorsteher der Lager I-V und VII.

Hier zwei Auszüge aus der Dienstanweisung:

„Für den Fall, dass die **Zeitereignisse** *einen plötzlichen Abtransport gefährlicher Gefangener erforderlich machen sollten, ist in jedem Lager unverzüglich eine Liste der betr. Gefangenen aufzustellen, die stets auf dem laufenden zu halten ist.*
Bei der Auswahl soll die Strafhöhe nicht einzige Richtschnur sein.
Es ist vielmehr die Eigenart jedes Einzelfalles zu berücksichtigen.
Schwer kriminelle Persönlichkeiten, Gefangene mit Sicherungsver-

---

[67] Kosthorst/Walter: a.a.O. 1983, S. 1405.
[68] Hervorhebungen durch die Verfasser I. u. H.P.

wahrung, **wegen Zersetzung der Wehrkraft,** *Landesverrats oder Hochverrats Verurteilte sowie alle Ausländer kommen in* **erster Linie** *in Frage. ...* " [69] [70]

Drei Schlußfolgerungen werden aus dieser Anweisung deutlich:

- Der Krieg hat eine bedrohliche Wende genommen. Erstaunlich ist die Wortakrobatik, mit der das umschrieben wird.

- Zu den gefährlichen Gefangenen gehören in erster Linie auch die wegen Wehrkraftzersetzung Verurteilten. Diese Männer gelten als politische Gegner des Regimes, sie bilden eine Gefahr für den Weiterbestand des Nationalsozialismus und sollen deshalb nicht in die Hände des Feindes fallen.

- **Albert Sommer** ist einer derjenigen, der im Lager III auf diese Liste gesetzt wird. Mit einem „F" auf dem Rücken als Fluchtgefährdeter gekennzeichnet, gehört er jetzt auch noch als politischer Gegner zu den „in erster Linie" gefährlichen Gefangenen.

Mit diesen Vorbereitungen beginnen die Planungen für die verschiedenen Stufen der Verlegung der Strafgefangenen.
Von jetzt an reihen sich die Ereignisse aneinander wie die Perlen auf einer Schnur.

Anfang Mai 1944 lädt Himmlers Vertreter für den Wehrkreis X (HSSPF Nordsee), der 44-jährige Höhere SS und Polizeiführer (HSSPF) Georg-Henning Graf von Bassewitz-Behr zu einer

---

[69] Kosthorst/Walter: a.a.O. 1983, S. 1409.

[70] Hervorhebungen durch die Verfasser I. u. H.P.

Konferenz in sein Domizil, die ehemalige Villa Laeisz im Nobelviertel am Harvestehuder Weg 8a nach Hamburg ein. [71]

Zu seinem durch ständig neue Weisungen von Himmler erweiterten Aufgabengebiet gehören sowohl das Kriegsgefangenenwesen im Wehrkreis X, als auch die Koordination der Rückführung von Zwangsarbeitern, KZ-Häftlingen und Kriegsgefangenen im Falle eines Vorrückens der Alliierten in Norddeutschland. Es ist davon auszugehen, daß die Besprechung Teil des mit seinem Stab erarbeiteten dreistufigen Alarmplanes für den Fall des alliierten Vormarsches in das „Gebiet der Nordseeküste" ist. Der Inhalt des Alarmplanes legt fest, alle Zwangsarbeiter, KZ-Häftlinge und Kriegsgefangenen an bestimmten Orten zu konzentrieren und ins frontferne Hinterland transportieren zu können. [72]

Es liegt auf der Hand, daß bei diesen Planspielen auch die Gefangenen der Emslandlager mit einbezogen werden, zumal es auch in der Vergangenheit immer wieder Überführungen von dem Staat besonders „gefährlicher" (im nationalsozialistisch-politischem Sinne) Gefangener an die Konzentrationslager der SS gegeben hat.

Aber zurück zu der Konferenz in Hamburg. Anwesend sind die Generalstaatsanwälte von Celle, Oldenburg, Hamburg, Naumburg und Kiel sowie der Kommandeur der Strafgefangenenlager im Emsland Dr. Richard Thiel.

---

[71] Kosthorst/Walter a.a.O. 1983, S. 1976 u.1977.
[72] Timo Jacobs: Besitzt die Eignung zum höheren Führer. Abrufbar im Internet. URL: http://www.akens.org/akens/texte/info/44/44_050.html/. Stand: 13.8.2013, S. 6. Hier kann auch der Lebenslauf des Georg-Henning Graf von Bassewitz-Behr nachgelesen werden.

Als Ergebnis wird festgehalten, alle „politisch unzuverlässigen" Gefangenen nach Celle zu evakuieren und die übrigen Gefangenen aufzugeben, also dem Feind zu überlassen. [73] Hiermit wird auch deutlich, daß es dem Regime hauptsächlich um die Gefangenen auf „Thiels Liste" geht.

Die Hand und das Gedankengut der SS schweben von diesem Tage an wieder über zumindest einem Teil der Strafgefangenen. Auch über **Albert Sommer**.

Unmittelbar nach der Hamburger Konferenz erhalten die weiteren Planungen den Standard „Geheime Reichssache!", der Ordner wird umbenannt in „SS-Fall", und die Gefangenen auf „Thiels Liste" sind von jetzt an Himmlers KZ – Anwärter. Die planerische Umsetzung beginnt in der Zentralverwaltung in Papenburg unmittelbar nach der Konferenz. Die Detailentwicklung ist an den folgenden Vorgängen und den geschichtlichen Ereignissen zu erkennen:

12.5.1944

Die Vorsteher der Lager I-V und VII müssen weitere Listen vorlegen. Besonders gefährliche Gefangene - Ausländer, Sicherungsverwahrte, Zuchthausgefangene mit anschließender Sicherungsverwahrung und sonstige gefährliche Elemente – müssen in den nächsten Tagen abtransportiert werden.

---

[73] Kosthorst/Walter: a.a.O. 1983, S. 1776 u. 1777. Anmerk. d. Verf: Kosthorst/Walter haben die Anwesenheit des Generalstaatsanwaltes aus Naumburg angezweifelt und mit einem Fragezeichen versehen. Erklärbar wird die Anwesenheit vielleicht dadurch, daß aus dem Bezirk Naumburg auf Grund eines Erlasses des RJM vom 18.4.1944 Anfang Mai 30 „nichtasoziale Gefangene" aus dem Bezirk Naumburg und anderen Bezirken den Strafgefangenenlagern im Emsland zugeführt wurden. (Kosthorst/Walter S. 1411).

4.6.1944

Zwei Tage nach **Albert Sommers** 26. Geburtstag beginnt die Invasion der West-Alliierten in der Normandie.

5.6.1944

Die Zentralverwaltung ist wohl derart geschockt, daß sie die nächsten Anweisungen fernmündlich erteilt:

1. *„An jeden Gefangenen sind sofort ein paar eigene Schuhe aus den Effekten auszuhändigen. Der Gefangene hat diese Schuhe im Spind zu verwahren und im Notfalle für den Fußmarsch anzuziehen."* (Anm. d. Verf: Bemerkenswert ist hieran, daß bereits zu diesem Zeitpunkt von einem Fußmarsch ausgegangen wird.)

2. *„Eine vollständige Entlaßkleidung - soweit vorhanden – ist im Kleiderbeutel weiter auf der Kammer* (Anm. d. Verf: Gemeint ist die Kleiderkammer des Lagers) *zu verwahren. Im Notfall ist der Beutel mit Inhalt an den Gefangenen auszuhändigen, der diesen über der Schulter mitzutragen hat."*

Weiter wird angeordnet, den erforderlichen Rauminhalt für den Rest der Effekten und der Wertsachen der Gefangenen zu melden.
Der Hauptwachtmeister von Lager VII teilt einen benötigten Rauminhalt von 60 cbm an Waggons mit. [74]
Dieser Vorgang liefert uns wertvolle Hinweise für die noch folgenden Ereignisse, und spätestens bei der Aushändigung der „ei-

---

[74] Kosthorst/Walter: a.a.O. 1983, S. 1411 u. 1412.

genen Schuhe" wird der „Gefangenenfunk" die Veränderungen richtig deuten.

Auch in **Albert Sommers** Spind steht spätestens am 6.6.1944 ein „Luxusgut", aber die Hoffnungen und Ängste werden sich die Waage halten.

13.6.1944

Dr. Ottinger teilt dem Vorsteher des Lagers VII mit, daß am nächsten Tag 80 besonders gefährliche Gefangene (44 aus Lager I und 36 aus Lager VII abtransportiert werden. Ausrüstung: 1 Marschanzug, 1 Paar Holzschuhe, eine Tagesration Marschverpflegung. 8 Wachposten als Begleitung. Abfahrt 9.58 Uhr Papenburg, Zwischenaufenthalt in Soest und Altenbeken. Ankunft 22.54 Uhr in Kassel. Ziel: Anstalt Kassel Wehlheiden. [75]

17.6.1944

Heinrich Himmler überträgt die Befehlsgewalt über die Konzentrations- und Arbeitslager im Falle der Evakuierung auf die Höheren SS- und Polizeiführer (HSSPF). Für den immer wieder diskutierten Befehl, die Häftlinge auf keinen Fall in die Hände der Alliierten fallen zu lassen, gibt es keinen Beleg. [76]

---

[75] Kosthorst/ Walter: a.a.O. 1983, S. 1412 und 1413. (Anm. d. Verf. I. und H.P: Aus der Geschichte der JVA Kassel-Wehlheiden geht hervor, daß viele Gefangene in das Konzentrationslager Buchenwald kamen, und nach der Erinnerung des Lagerpfarrers wurde keiner wiedergesehen. http://www.jvakassel1.justioz.hessen.de. Stand: 15.8.2013.

[76] http://de.wikipedia.org/wiki/todesmaersche_von_kz-haeftlingen . Stand: 20.8.2013.

23.6.1944

Der Vorsteher des Lagers VII, Verwaltungsamtmann Hillermann schickt nach Verfügung des Dr. Thiel den Oberwachtmeister Schäfer auf eine geheime Mission. Schäfer soll in den zur Zeit geschlossenen Amtsgerichten Duderstadt, Herzberg (Anm. d. Verf: Harz) und Einbeck feststellen, ob dort die Effekten und Wertsachen untergebracht werden können. Außerdem soll er Ausschau nach einer neuen Unterbringungsmöglichkeit für die Zentralverwaltung in der Größenordnung von 8-10 Büroräumen halten. Schäfer wird ausdrücklich auf den geheimen Charakter hingewiesen und muß eine Erklärung unterschreiben. [77]

3.7.1944

Der Kommandeur der Strafgefangenenlager legt den Vertretern der Lager I-V und VII den Räumungsplan für den SS-Fall bei einer Verlegung ins Binnenland vor. Er geht von 5.000 Strafgefangenen aus, die in 21 Kommandos zu je 100-300 Mann aufgelöst und auf 21 Fliegerhorste zum Arbeitseinsatz verlegt werden sollen. Diese Außenkommandos sollen unter der Aufsicht von sechs neuen Lagern mit der Bezeichnung Lager I-VI N (Anm. d. Verf: N steht hierbei für „neue Lagerbezeichnung") stehen.

---

[77] Kosthorst/Walter: a.a.O. 1983, S. 1415-1417.

Von den 21 Fliegerhorsten liegen 19 in Nordrhein-Westfalen, einer in Niedersachsen und einer ist noch nicht benannt. [78]

Wie wir wissen, konnte dieser Plan nie umgesetzt werden. Nur der Vollständigkeit halber erwähne ich hier, daß **Albert Sommer** in Paderborn, Störmede, Düsseldorf oder Bönninghardt zum Einsatz gekommen wäre.

10.7.1944

Die Vorsteher der Wacheinheiten („Die Blauen") werden durch geheime Dienstanweisung über die Bereitstellung und den Abtransport der Wachtruppe im Falle einer plötzlichen Verlegung der hiesigen Lager informiert. Detaillierte Regelungen sollen für einen reibungslosen Ablauf sorgen:

- Es wird Wert darauf gelegt, daß Marschanzug, Stiefel und Lederzeug für den Abmarsch sauber hergerichtet werden.
- Jeder Wachmann hat für den Abmarsch 30 Schuß Munition bereitzuhalten. Die Hieb- und Schußwaffen – Gummiknüppel, Pistolen und Karabiner – sind ihm zu belassen. Auf Sauberkeit der Waffen ist besonderes Augenmerk zu legen.

---

[78] Kosthorst/Walter: a.a.O. 1983, S. 1414. (Anm. d. Verf. I. und H.P: Aus Unterlagen bei der Abwicklung der Zentralverwaltung Papenburg nach dem Krieg ist bekannt, daß die Effekten letztendlich nach Duderstadt, Einbeck und Clausthal-Zellerfeld gebracht wurden. Aussagen über den künftigen Sitz der Verwaltung waren nicht zu finden.)

- Der Waffenkammerverwalter hat für die Verpackung und Bereitstellung der Waffen zu sorgen.
- Schreibmaterialien, wichtige Unterlagen, Schreibmaschinen p.p. sind dem Menagebuchführer für den Transport zu übergeben.
- Der Küchenverwalter hat die Mundvorräte als Marschverpflegung an die Angehörigen der Wachtruppe herzurichten und kurz vor dem Abtransport zu verteilen.
- Alle übrigen Lebensmittel sind verpackt für den Abtransport bereitzustellen.
- Bei Anordnung des Abtransportes der Gefangenen sind zur Bewachung von je 100 Gefangenen ein Kommandoführer und sechs Posten als Begleitpersonal zuzuteilen.
- Alle verbliebenen Wachtruppenangehörigen, sowie der Waffenkammerverwalter und der Menagebuchführer sind zum Lager II Aschendorfermoor zu transportieren.
- Anschließend erfolgt der Abtransport gemeinsam mit der Zentralverwaltung.
- Nur die Wacheinheitsführer sind unter Hinweis auf strengste Geheimhaltung ins Vertrauen zu ziehen und hierauf besonders zu vereidigen. [79]

Diese Anweisungen beziehen sich noch eindeutig auf den geregelten Abzug, wie er am 3.7.1944 in der „Hamburger Konferenz" festgelegt wurde. Auch diese Maßnahmen werden 1945 nur noch Makulatur sein. Nur das Lager II Aschendorfermoor soll später noch eine grausame und unrühmliche Rolle spielen.

---

[79] Kosthorst/Walter: a.a.O. 1983, S. 1418ff.

14.7.1944

Der Kommandeur übersendet dem Vorsteher des Lagers VII Esterwegen zwei Verzeichnisse mit Strafgefangenen, die am 13.7.1944 in das Strafgefangenenlager Rodgau-Dieburg in Marsch gesetzt wurden. [80]

Dieser Transport ist wahrscheinlich einer der letzten geordneten Verlegungen aus den Strafgefangenenlagern.
Für zwei Monate scheint der „normale Betrieb" innerhalb und außerhalb der Lager abzulaufen.

Im Oktober 1944 aber wird ein gravierender Umbruch für die Lager I bis V und VII geplant.

Der Reichsjustizminister teilt dem Leiter der Strafgefangenenlager Dr. Thiel mit, daß der Befehlshaber des Ersatzheeres bestimmt hat, zu Zuchthaus verurteilte Soldaten und Beamte des Heeres entweder einer Bewährungstruppe, den Zuchthauskompanien der Feldstrafgefangenenabteilungen oder zum Arbeitseinsatz in einem Konzentrationslager zu überweisen.
Der Justizminister wehrt sich. Er ist mit diesen Maßnahmen nur einverstanden, wenn es sich um Verurteilte handelt, die unmittelbar zur Bewährungstruppe einberufen werden oder für die Arbeitsbetriebe [überwiegend Rüstungsbetriebe] entbehrlich sind.
Sämtliche Verurteilten sollen an Ort und Stelle durch Kriegsgerichtsräte und Urkundsbeamte überprüft werden. Dr. Thiel wird angewiesen, für ein Untersuchungskommando von fünf Feldrichtern, fünf Urkundsbeamten und dem Leiter Oberfeldrichter Nebe

---

[80] Kosthorst/Walter: a.a.O. 1983, S. 1420.

(für die Lager I, II, III, IV/V und VII) vom 24.10.1944 bis 26.10.1944 Quartiere in Papenburg zu besorgen. [81]
Das Reich braucht Soldaten.
Am 12.10.1944 werden Vertreter des Reichsministers der Rüstung und Kriegsproduktion Albert Speer in einem Gespräch mit dem Oberfeldrichter Dr. Hillmann bei der OKH-Heeresrechtsabteilung Gera [82] mit eindeutigen Forderungen konfrontiert:

- 80% der Strafgefangenen sollen einer Bewährungseinheit oder der Kampftruppe zugeführt werden.
- Der Abzug zur Frontbewährung soll ohne Rücksicht auf einen Arbeitskräfteersatz in den Rüstungsbetrieben vorgenommen werden.
- Bei einer Weigerung Speers muß damit gerechnet werden, daß der Reichsführer SS Himmler auf den gesamten Abzug besteht, sich aber vielleicht bereit erklärt, die Lager in Papenburg zur Erhaltung der Rüstungskapazität geschlossen als KZ-Lager zu übernehmen [mit anderer oder teilweise gleicher Insassenbelegung]. [83]

Mit diesen Vorgaben im Gepäck führt die elfköpfige Kommission am 24. und 25.10.1944 ihre Untersuchungen in den Lagern durch. Auch **Albert Sommer** wird im Lager III Brual Rhede beurteilt. Es ist nicht bekannt, wie groß die „Ausbeute" ist, aber das Ergebnis muß ziemlich ernüchternd gewesen sein. Egal, ob es an dem überwiegend erbärmlichen gesundheitlichen Zustand der

---

[81] Kosthorst/Walter: a.a.O. 1983, S. 1399ff.
[82] Anmerkung d. Verf. I. und H.P: OKH ist das „Oberkommando des Heeres".
[83] Kosthorst/Walter: a.a.O. 1983, S.1400 ff.

Gefangenen oder dem Vorrang der Rüstung gelegen hat, eine gravierende Veränderung in der Belegung der Lager ist nicht dokumentiert.

In einem Schreiben des Reichsjustizministers vom 27.10.1944 an die Zentralverwaltung in Papenburg wird kurz mitgeteilt, daß die Überprüfungen der Strafgefangenen im wesentlichen abgeschlossen sind.

Aber aus weiteren, neuen Anweisungen geht hervor, das bei einzelnen Strafgefangenen von mehr als acht Jahren Zuchthaus die Abgabe an das Reichssicherheitshauptamt [Heinrich Himmlers Konzentrationslager] zwar vorgesehen ist, aber mit Rücksicht auf die Belange der Rüstung einstweilen zurückgestellt wird. [84]

Auch **Albert Sommer** steht als „gefährlicher politischer Gefangener", und somit als NS-Regimegegner in dieser Liste, und nur dem Zwangsarbeitseinsatz im Rüstungsbetrieb Klatte, so paradox es auch klingen mag, ist es zu verdanken, daß er im Lager III bleibt.

Es muß auch mit den Zeitereignissen zusammenhängen, daß das Wehrmeldeamt Meppen/Ems erst am 11.1.1945 das Soldbuch des **Albert Sommer** zur Eintragung der Strafe an das Wehrmeldeamt des Heimatortes in Osnabrück schickt.

---

[84] Kosthorst/Walter: a.a.O., S. 1402.

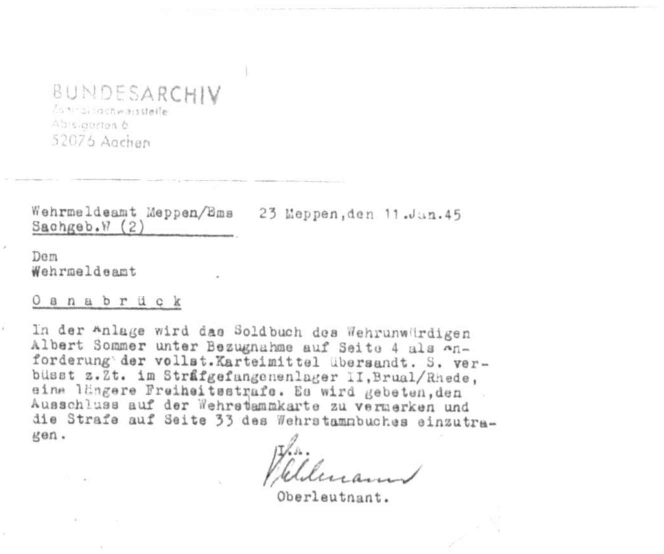

Wehrmeldeamt Meppen/Ems   23 Meppen,den 11.Jan.45
Sachgeb.W (2)

Dem
Wehrmeldeamt

O s n a b r ü c k

In der Anlage wird das Soldbuch des Wehrunwürdigen
Albert Sommer unter Bezugnahme auf Seite 4 als An-
forderung der vollst.Karteimittel übersandt. S. ver-
büsst z.Zt. im Strafgefangenenlager II,Brual/Rhede,
eine längere Freiheitsstrafe. Es wird gebeten,den
Ausschluss auf der Wehrstammkarte zu vermerken und
die Strafe auf Seite 33 des Wehrstammbuches einzutra-
gen.

                              Oberleutnant.

Abb. 54: Anschreiben, mit dem das Soldbuch zum
Wehrmeldeamt nach Osnabrück geschickt wird

Am 7.2.1945 unternimmt Himmler noch einen letzten Versuch.

*„Wehrunwürdige Gefangene erhalten [...] die Gelegenheit, sich in
einer aus Freiwilligen bestehenden Sonderformation der Waffen-SS
mit der Waffe in der Hand vor dem Feind zu bewähren."*

Diese Formationen sind schon zu diesem Zeitpunkt als „Him-
melfahrtskommandos" bekannt und gefürchtet, und als solche
auch in die Geschichte eingegangen.

117

Der Gefangene muß „*frontverwendungsfähig*" und „*frontbe-währungsfähig*" sein, sich der „*Auszeichnung würdig erweisen*" und „*vor dem Feind seinen Mann stellen*".

Ausgeschlossen sind Juden, Zigeuner, Mischlinge, Männer, die „*widernatürliche Unzucht*" betrieben haben, Landesverräter, politische Täter, Gewohnheitsverbrecher und Asoziale.

Zurückgestellt werden „*Gefangene, die für die Rüstungsbetriebe unter Anlegung des strengsten Maßstabes schlechthin unentbehrlich und unersetzlich sind*".

Zwar heißt es auch in den Richtlinien, daß der Gefangene sich „*freiwillig*" schriftlich melden muß, die weitere Anweisung, daß ausschließlich der Anstaltsleiter die Auswahl vornimmt, bei der er in „*seinem Ermessen freien Raum*" hat, macht deutlich, daß es sich um einen „freiwilligen Zwang" handelt. Es wird bei der Auswahl von ihm erwartet, daß er „*jeden geeigneten*" Gefangenen für die Frontbewährung freigibt.

Nur die „*ungeeigneten Elemente*", die eine „*Gefahr für die Manneszucht und Schlagkraft der Truppe*" bilden, müssen ausgesondert werden.

Als Belohnungsköder wird derjenige, der sich bewährt, nach „*angemessener Zeit*" zur Begnadigung vorgeschlagen. [Er bleibt also bis dahin Strafgefangener in Uniform, ohne rechtliche Ansprüche für sich und eventuell seine Familie]. Wer sich nicht bewährt oder sich als körperlich untauglich erweist, wird in den Strafvollzug zurücküberwiesen. [85]

Albert Sommer wird entweder als „unentbehrlicher" Gefangener für den Rüstungsbetrieb, wahrscheinlicher aber aufgrund seiner Verurteilung wegen Wehrkraftzersetzung, und damit als eine Gefahr für die Manneszucht und Schlagkraft der Truppe, als „ungeeignetes Element" eingestuft und ausgesondert worden sein.
Er bleibt weiterhin im Lager III Brual-Rhede.
Leider ist nicht belegt, wie viele Gefangene noch im Februar 1945 ihren Gang in ein „Bewährungsbataillon" antreten müssen, bei dem für sehr viele der Tod vorprogrammiert ist.

Mit der sprichwörtlichen „deutschen Gründlichkeit" übersendet Dr. Thiel mit seinem Funktionszusatz als „Präsident des Strafvollzugsamts" noch am 7.3.1945 letztmalig dem Reichsjustizminister die turnusmäßige „Nachweisung über den Bestand und die Beschäftigung der Gefangenen".
Es ist wohl das wertvollste Dokument der sechs Strafgefangenenlager aus dieser Endphase des Krieges. Da es nach dieser Zeit durch die sich überstürzenden Ereignisse wahrscheinlich keine größeren Gefangenenbewegungen mehr gegeben hat, kann man diese Gefangenenzahlen auch als Grundlage für die weiteren Ereignisse annehmen.

Demnach sind in den Lagern etwa 3.650 verurteilte Gefangene (inklusive der noch anzuliefernden Gefangenen aus der Haftanstalt Lingen) und 487 noch nicht verurteilte Wehrmachtsgefangene unter der Aufsicht der Wehrmacht in einem abgetrennten Bereich des Lagers I Börgermoor.

---

[85] Kosthorst/Walter: a. a O. 1983, S. 1403 ff.

Mit Ausnahme von 68 Gefängnisgefangenen (Verwaltungs-kriegstätern), das entspricht 1,8%, sind alle Strafgefangenen ausnahmslos ehemalige, zu Zuchthaus verurteilte, wehrunwürdige Soldaten.

Und **Albert Sommer**? Er ist weiterhin einer von 714 Strafgefangenen im Lager III Brual-Rhede, die zu über 70% als Zwangsarbeiter für die Rüstungsindustrie eingesetzt werden. [86]

Vierzehn Tage danach, es ist Mittwoch, der 21.3.1945, wird für den Kreis Aschendorf-Hümmling die höchste Alarmstufe ausgelöst. [87]

Dieser Supergau ist auch für die Zentralverwaltung in Papenburg das Startzeichen für die Endstufe der Räumungspläne aufgrund der „Hamburger Konferenz". An einen geordneten Abzug aller Gefangenen ist nicht mehr zu denken. Nur die Gefangenen, die dem Staat politisch gefährlich werden könnten, sind abzutransportieren, der Rest kann dem Feind überlassen werden.

Die Strafgefangenen werden aus allen Arbeitsbetrieben und Außeneinsätzen zurückgeholt und nur noch in den Lagern gehalten. So läßt sich ein eventueller Aufruhr der Gefangenen am wirkungsvollsten niederschlagen. [88]

Auch für **Albert Sommer** endet an diesem Tag der Zwangsarbeitseinsatz außerhalb des Lagers III Brual-Rhede.

Spätestens jetzt müssen wir uns mit den Personen vertraut machen, die als Täter, Tatbeteiligte oder auch Zeugen im weiteren Verlauf dieser Dokumentation genannt werden. Die ohnehin sehr

---

[86] Kosthorst/Walter: a.a.O. 1983, S. 1458 ff.
[87] Heimatverein Werlte: Werlte im 2. Weltkrieg, S. 2. URL:
http://www.heimatverein-werlte.de/zweiter_weltkrieg.htm .Stand: 10.10.2013.
[88] Heimatverein Werlte: a.a.O., S. 2.

verworrenen Ereignisse, die sich nur aus vielen verschiedenen Dokumenten zu einem Gesamtbild formen lassen, sind sonst nicht dazu geeignet, die Geschehnisse in vollem Umfange zu verstehen. [89]

Und spätestens jetzt ist auch der Zeitpunkt gekommen, darauf hinzuweisen, daß die Tatabläufe und die grauenvollen, barbarischen und gefühllosen Handlungen den Ermittlungen, Vernehmungen, Geständnissen, Zeugenaussagen und Urteilen der damaligen Zeit entnommen wurden.
Aber nur dann, wenn wir uns zusätzlich noch vorstellen, daß sehr viele die Tathergänge noch verharmlost haben, weil sie im Umgang mit der Wahrheit sehr flexibel umgegangen sind, oder besser gesagt, weil sie gelogen haben bis zum Beweis des Gegenteils, können wir annähernd ermessen, welche seelischen und körperlichen Qualen die Strafgefangenen zu erleiden hatten.

Täter, Tatbeteiligte, Zeugen

Zentralverwaltung in Papenburg

Dr. Thiel, Richard:	Geb. 21.6.1874 In der wilhelminischen Republik beruflich groß geworden.

---

[89] Anmerkung d. Verf: Es wird ausdrücklich darauf hingewiesen, daß nicht nur bei den folgenden Ereignissen, sondern im gesamten Buch nur Namen und Daten bekanntgegeben werden, die allgemein aus öffentlichen Publikationen frei zugänglich und bekannt sind.

1923 Präsident des Strafvollzugsamtes in Hamm/Westf.
1933 Landgerichtsdirektor in Essen.
1939 Pensionierung.
1941 Kriegsbedingte Reaktivierung.
1943 „Beauftragter des Reichsjustizministers (RJM) für die Strafgefangenenlager im Emsland, Papenburg".
1944 Faktisch deren Kommandant, da der bisherige Kommandant SA-Oberführer Schäfer zum Kriegsdienst eingezogen wird.
Persönliches: Zu den Tatzeiten März/April 1945 ist er 70 Jahre alt. Von Pantcheff wird er als seniler, schwacher Leisetreter bezeichnet, dem die Situation über den Kopf gewachsen war. [90]

Dr. Ottinger, Ewald:

Geb. 13.01.1902.
Studium der Nationalökonomie.
Seit 1928 im Strafvollzug tätig.
Ab Mai 1943 Verwaltungsleiter der Zentralverwaltung der Emslandlager, Papenburg.
1944 Stellvertreter Dr. Thiels als Kommandant.

---

[90] Pantcheff, T.X.H: Der Henker vom Emsland. Dokumentation einer Barbarei am Ende des Krieges 1945. Leer 1995, S. 123.

Persönliches: Zu den Tatzeiten
März/April 1945 ist er 43 Jahre alt.

NSDAP Amtsträger

Wegener, Paul:

Geb. 01.10.1908 in Varel, gest. 05.05.1993 Wächtersbach. Beruf: Koloniallandwirt. Funktion: SS-Obergruppenführer. Gauleiter der NSDAP des Gaues Weser-Ems. Reichsstatthalter von Oldenburg und Bremen. Reichsverteidigungskommissar für das Norddeutsche Gebiet. Amtssitz in Oldenburg.
Persönliches: Zu den Tatzeiten März/April 1945 ist er 36 Jahre alt.

Grahlmann, Helmut:

Funktion: Gaurichter (Parteirichter) der NSDAP bei der Gauleitung Weser-Ems in Oldenburg.
Persönliches: Nach Pantcheff ein „jüngerer Richter". [91]

Christians, NN:

Funktion: Generalstaatsanwalt in Oldenburg.

Buscher, Gerhard:

Beruf: Bauunternehmer.
Funktion: Kreisleiter der NSDAP für den Kreis Aschendorf-Hümmling in Aschendorf.

---

[91] Pantcheff: a.a.O. 1995, S. 22 ff.

Persönliches: Wird neben dem als gemäßigt geltenden hauptamtlichen Landrat des Kreises Aschendorf-Hümmling Hans Gronewald als fanatischer NSDAP-Kreisleiter beschrieben. Zu den Tatzeiten März/April 1945 ist er 54 Jahre alt. Nach Pantcheff zeichnet sich Buscher nicht durch überragende Intelligenz aus. [92]

Budde, Jan:

Funktion: Ortsgruppenleiter der NSDAP in Surwold. In seinem Haus befindet sich ein Kompaniegefechtsstand. [93]
Persönliches: Er wird als älterer Mann mit rotem Bart beschrieben. [94]

Struve, NN:

gest. durch Selbstmord.
Funktion: Kriminalrat und (wahrscheinlich) Dienststellenleiter des Grenzpolizeikommissariats Emden der Stapostelle Wilhelmshaven [Gestapo]. [95]

---

[92] Pantcheff: a.a.O. 1995, S. 182.
[93] Kosthorst/Walter: a.a.O. 1983, S. 3228.
[94] Kosthorst/Walter: a.a.O. 1983, S. 3287.
[95] Pantcheff: a.a.O. 1995, S. 118.

Lager- und Wachpersonal („Grüne" und „Blaue") [96]

Hansen, Johann Friedrich:	Geb. etwa 1879. Seit 1914 im Justizvollzugsdienst 1939 Vorsteher von Lager V Neusustrum. Ab 2.4.1945 Vorsteher von Lager II Aschendorfermoor als Inspektor. Persönliches: Ein Durchschnittstyp. Politisch unbedarft. Kein Kirchenlicht, aber auch kein Dummkopf. Die Bestimmungen des Strafvollzuges kennt er aus dem Effeff. [97] Zu den Tatzeiten März/April 1945 ist er 66 Jahre alt.
Setzer, Gerhard:	Seit 1925 im Justizvollzugsdienst als Oberinspektor. Bis 2.4.1945 Vorsteher von Lager II Aschendorfermoor bis zur Übergabe an Hansen. Führer einer Volkssturmeinheit. [98]

---

[96] Anmerkung d. Verf: Eine Unterteilung wird nicht vorgenommen, da die Zuordnung teilweise schwierig oder zumindest fraglich wäre.

[97] Pantcheff: a.a.O. 1995, S. 29.

[98] Pantcheff: a.a.O. 1995, S. 38.

Persönliches: Ein Mensch, der die Vorschriften nach seinen Regeln auslegt. Ein alter „Bekannter" aus **Albert Sommers** Zeit im Lager II.

Widhalm, Engelbert:

Geb. 29.9.1915 in Preinreichs (Niederösterreich).
Beruf: Schlachter.
Seit 1937 Wachtruppe der SA im Emsland.
1940 Teilnahme am Westfeldzug.
1941/1942 Rußlandfeldzug.
10.4.1943 Wachtruppe der SA im Emsland.
1944 Beförderung zum Halbzugführer und im Herbst als Justizoberwachtmeister in den Strafvollzugsdienst übernommen.
Bis Anfang April 1945 im Lager I Börgermoor.
Anfang April 1945 Lager II Aschendorfermoor, Angehöriger des Volkssturmzuges Bernhard Meyer.
Mai 1945 zunächst bei seiner Familie in Westrhauderfehn, noch im gleichen Monat Umzug zur Schwiegermutter nach Bremen.
Gelegenheitsarbeiter in der Landwirtschaft. [99]

---

[99] Kosthorst/Walter: a.a.O. 1983, S. 2171.

Persönliches: Er verlor im Rußlandfeldzug seine rechte Hand. Bei den Strafgefangenen hatte er deshalb den Spitznamen „Stumpen". Er hinterläßt beim Prozeß 1950 den Eindruck eines intelligenten Menschen. [100] Zu den Tatzeitpunkten März/April 1945 ist er 29 Jahre alt.

Müller, NN:

Oberinspektor der Justizverwaltung. Lagervorsteher von Lager I Börgermoor, in dem auch Widhalm tätig war. [101]

Schütte, Karl:

Geb. 06.08.1898, hingerichtet 14.11.1946.
Beruf: Musiker.
1931 Eintritt in die SA als Musiker.
1939 Wachmann im Emslandlager II Aschendorfermoor.
1942 Einheitsführer.
1943 Ortsgruppenleiter der NSDAP für das Lager II.
Anfang 1945 Zusätzlich Kompanieführer im Volkssturm, Adjutant der Volkssturmeinheit. Leiter des Musikzuges der SA - Pionierstandarte 10 Emsland.

---

[100] Kosthorst/Walter: a.a.O. 1983, S. 2179.
[101] Kosthorst/Walter: a.a.O. 1983, S. 2171.

Persönliches: Nach Pantcheffs Beschreibung ein Fettwanst und Freund von Ortsgruppenleiter Jan Budde. [102]

Zu den Tatzeiten März/April 1945 ist er 43 Jahre alt.

Meyer, Bernhard:

Hingerichtet 14.11.1946.

Beruf: Bäcker.

1932 Eintritt in die NSDAP und SA. Seitdem als Wachmann in den verschiedenen Emslandlagern eingesetzt. Einheitsführer in Lager I Börgermoor. Leiter eines Volkssturmzuges im Lager II.

Persönliches: Ein hochgewachsener, korpulenter Fünfziger. Wegen seines seit dem Ersten Weltkrieg gepflegten, 20 cm langen Oberlippenbartes hat er bei den Gefangenen den Spitznamen „Schnurrbart-Meyer". [103]

Hagewald, Karl:

Hingerichtet 14.11.1946.

Seit 1925 Berufsbeamter im Strafvollzug.

Platzmeister von Lager VII.

Persönliches: Er steht wegen seiner aktenkundigen Brutalität in den

---

[102] Kosthorst/Walter: a.a.O. 1983, S. 2172. Pantcheff: a.a.O. 1995, S 26 ff.
[103] Kosthorst/Walter: a.a.O. 1983, S. 1963. Pantcheff: a.a.O. 1995, S. 38.

Emslandlagern nahezu unerreicht
da. [104]

Euler, Josef:	Hingerichtet 14.11.1946. Beamter aus Lager VII. Er ist Gruppenführer im Volkssturmzug Bernhard Meyer im Lager II. Persönliches: Ein Mann, der sich selbst rühmt wegen seines Geschickes bei der Verabfolgung von Gnadenschüssen. [105]
Brandt, Hermann:	Geb. etwa 1914, hingerichtet 14.11.1946. Beruf: Landarbeiter. 1933 Eintritt in die SA. 1943/44 Aufseher in der Strafkompanie von Emslandhäftlingen im Raum Calais in Frankreich. Anfang April 1945 Einzug zum Volkssturm. Er gehört zur Gruppe des Gruppenführers Euler im Volkssturmzug Bernhard Meyer. Persönliches: Er wahrte und vermehrte wahrscheinlich noch den wegen ihrer brutalen Schlägermethoden denkbar schlechten Ruf der Strafkompanie. Er schlägt sogar

---

[104] Pantcheff: a.a.O 1995, S. 229.
[105] Ebd.

die Patienten im von ihm verwalteten Krankenrevier. [106]

Peller, Otto: Zunächst zum Tode verurteilt, dann aber als einziger begnadigt. Einzeldaten sind nicht bekannt.

Herrmann, Friedrich: Hauptwachtmeister und Platzmeister von Lager III.

Kobruck (oder Kobrogk), Alfred: Einzeldaten sind nicht bekannt.

Melzer, Paul: Justizoberwachtmeister. [107]

Holland, Fritz: Einzeldaten sind nicht bekannt. [108]

Könker, Hermann: Einzeldaten sind nicht bekannt. [109]

Köslin, Hermann Johann: Geb. 23.08.1914 in Essen. Beruf: Filmvorführer.

---

[106] Pantcheff: a.a.O. 1983, S. 195 und 228.
[107] Ebd.: S. 30.
[108] Ebd.: S. 130/131.
[109] Pantcheff: a.a.O. 1995, S. 130/131.

	Persönliches: Äußerst gewalttätig, ein unberechenbarer Sadist. [110]
Hilmar, NN:	Einzeldaten sind nicht bekannt. Seit 1923 Vollzugsbeamter. Justizoberinspektor und Vorsteher von Lager III Brual-Rhede.
Wibbelsmann, Heinrich:	Geb. 02.03.1893. 1.Justizhauptwachtmeister und Platzmeister. Persönliches: Er hatte bei den Gefangenen den Spitznamen „Der lange Heinrich". [111]
Stapelfeld, NN:	Einzeldaten sind nicht bekannt. Ein Zeuge und alter Wachmann. [112]
Brünjes, Johann:	Geb. 01.01.1907. Landwirt aus Rhaude. Hauptzugführer beim Wachpersonal. [113]

[110] Ebd. Und Kosthorst/Walter: a.a.O. 1983, S. 1985 und S. 2192.
[111] Kosthorst/Walter: a.a.O. 1983, S. 1985 und Seite 2192.
[112] Ebd. S. 2173 und S. 2206.
[113] Kosthorst/Walter: a.a.O. 1983, S. 1985 und S. 2192.

Urbanek, Josef:	Geb. etwa 1913 aus Posen. 1933 Eintritt in die SA und in die NSDAP. 1938 Justizbeamter im Strafvollzug. 1939-1942 Soldat der Wehrmacht April 1945 Einzug zum Volkssturm und als Kradmelder Kreisleiter Buschers Dienststelle zugeteilt. Er tritt noch am 22.4.1945 zur SS über. [114]

Zivilpersonen

Ortmann; NN:	Einzeldaten sind nicht bekannt. Gemeindediener aus Bockhorst. Ein Zeuge. [115]

Cordes, Hermann:	Einzeldaten sind nicht bekannt. Beruf: Gastwirt in Burlage. Zeuge im Mordprozeß an 8 Strafgefangenen. [116]

---

[114] Pantcheff: a.a.O. 1995, S. 41/42. Kosthorst/Walter: a.a.O. 1983, S. 3173 ff.
[115] Kosthorst/Walter: a.a.O. 1983, S. 2206.
[116] Pantcheff: a.a.O. 1995, S. 44 ff.

Herold, Willi:	Geb. 11.09.1925 in Lunzenau bei Chemnitz.
	Hingerichtet am 14.11.1946 in Wolfenbüttel.
	Beruf: Schornsteinfegergeselle.
	1932-1940 Besuch der Volksschule.
	1940-1943 Schornsteinfegerlehrling und Besuch der Technischen Schule [Berufsschule].
	1943 Ablegung der Gesellenprüfung. Danach dreimonatige Tätigkeit als Schornsteinfegergeselle.
	6.6.1943 Einberufung zum Reichsarbeitsdienst (RAD). Einsatz am Atlantikwall in Frankreich.
	11.9.1943 Entlassung aus dem RAD.
	30.9.1943 Einberufung zur Grundausbildung als Fallschirmjäger bei dem 18. Fallschirmjägerregiment in Tangermünde.
	1944/45 Einsatz bei den Bodenkämpfen in Nettuno und Monte Cassino in Italien.
	Beförderung zum Gefreiten.

---

[117] Pantcheff: a.a.O. 1995, S. 35 ff. Kosthorst/Walter: a.a.O. 1983, S. 3.135 ff. und 3.157 bis 3.159. Anmerkung d. Verf. I. und H.P: Die Fundstellen gelten auch für die „Gefolgsmänner" von Herold.

1945 Verlegung seiner Einheit nach Deutschland. Eingliederung in die Fallschirmjägerkampfgruppe Gramse.

Ende März 1945 Versprengung und Trennung von seiner Truppe bei den Kämpfen im Grenzgebiet bei Enschede/Holland.

Auffinden einer Kiste mit einer Hauptmannsuniform und „Verwandlung" zum Hauptmann.

11.4.1945 Eintreffen mit weiteren Versprengten im Lager II Aschendorfermoor.

11.4.-19.4.1945 Durchführung von Erschießungen und Massakern im Lager II.

30.4.1945 Verhaftung durch die Wehrmacht in Aurich. Entlarvung als „falscher Hauptmann". Kriegsgerichtsverfahren. Freispruch unter kuriosen Umständen.

23.5.1945 Verhaftung durch die englische Royal Navy in Wilhelmshaven, wo er wieder als Schornsteinfeger tätig war.

29.8.1946 Verurteilung zum Tode nach einem Prozeß in Oldenburg vom 13.8.1946 bis 29.8.1946.

14.11.1946 Hinrichtung durch das Fallbeil in Wolfenbüttel.

Militärische Auszeichnungen: EK I, EK II, Silberne Nahkampfspange und Infanteriegefechtsabzeichen [nach seinen eigenen Angaben, die wohl leider bisher von keiner berechtigten Stelle oder Person überprüft worden sind].

Persönliches: Er war zu den Tatzeiten März/April 1945 19 Jahre alt.

Freitag, Reinhard:

Geb. 08.08.1922 in Lauenstein/Oberfranken, gest. Ende der 80er Jahre in Bayern.

Beruf: Schiefermüller.

1928 Einschulung in die Volksschule Probstzella/Thüringen.

1936 Entlassung aus der Volksschule in der 6. Klasse.

1936-1937 Arbeiter in der Landwirtschaft.

1937 bis Mitte 1938 Versuch einer Metzgerlehre. Ungelernter Arbeiter in einer Schiefertafelfabrik in Probstzella.

Mitte 1938 bis Febr. 1941 Lehrstelle in einer Schiefermühle in Bebra.

Febr. 1941 bis Nov. 1941 Reichsarbeitsdienst, teilweise in Rußland.

4.12.1941 Einberufung zum Kriegsdienst und Ausbildung zum Infanteristen.

Febr. 1942 bis Mai 1944 Einsatz an der Ostfront, vier leichtere Verwundungen. Mai 1944 Oberschenkeldurchschuß.

Aug. 1944 Nach Genesung freiwillige Meldung zu den Fallschirmjägern nach Gardelegen. Sept. 1944 Versetzung an die Westfront zum 21. Fallschirmjägerregiment nach Holland. Teilnahme an Unternehmen des Regimentsstoßtrupps. Febr. 1945 Verwundung am Kopf. 5cm lange Narbe am linken Schläfenbein. Bis März 1945 Einsatz beim Troß der Einheit. Dann wieder Einsatz an der Front. Ende März 1945 Nach englischem Angriff auf Gronau verliert er die Verbindung zu seiner Truppe. Er ist der erste Soldat, der sich dem „Hauptmann" Herold anschließt. 11.4.1945 Eintreffen mit „Hauptmann" Herold im Lager II Aschendorfermoor. 11.4.-19.4.1945 Maßgebliche Beteiligung an den Erschießungen und den Massakern im Lager II. 19.4.1945 Absetzbewegung Richtung Kiel mit weiteren Morden. Geht zurück nach Probstzella in die russische Besatzungszone und

entzieht sich damit zunächst dem Zugriff der Engländer. Militärische Auszeichnungen: EK II, Infanteriesturmabzeichen, Nahkampfspange und Silbernes Verwundetenabzeichen. Persönliches: Er ist der erste und beste „Kumpel" von Herold. Befehle führt er blindlings aus, teilweise in vorauseilendem Gehorsam. Nach einem Gutachten im späteren Prozeß wird Freitag eine bestehende Unterintelligenz bescheinigt.
Zur Tatzeit ist er 22 Jahre alt. [118]

| Hoffmeister, Heinz: | Geb. etwa 1905, angeblich aus Erfurt stammend. |

Beruf: Nicht bekannt, er soll nach Aussage Herolds Jura studiert haben.
Dienstrang: Feldwebel bei den Fallschirmjägern.
Persönliches: Ein dunkelhaariger Vierzigjähriger. Der einzige in der Truppe Herold, der eine Ausbildung an der 2 cm Flak [Flugabwehrkanone] bekommen hat.
Er ist maßgeblich an den Massakern im Lager II beteiligt.

[118] Kosthorst/Walter: a.a.O. 1983 S. 3.183, 3.223 ff., 3.249. Pantcheff: a.a.O. 1995, S. 118.

Er verschwindet nach der Auflösung der Truppe in Wilhelmshaven und wird nie gefunden. [Auch hier hat sich wohl bisher keine berechtigte Stelle oder Person verantwortlich gefühlt, in den Archiven nach seinen Personalien oder seinem Verbleib zu forschen.]

Mühlenhoff, NN:	Unteroffizier aus Chemnitz.
Fütterer, NN:	Unteroffizier.
Kipinski, Siegfried:	Gefreiter. Persönliches: Etwas über 30 Jahre alt. Ein schwarzhaariger, polnisch sprechender Fallschirmjäger aus Oberschlesien. Bekannt für seine zahlreichen Goldplomben.
Huber, Heinz:	Gefreiter. Persönliches: Ein 23-jähriger aus der Gegend von Lambach in Oberösterreich.
Barbe, Rudi:	Gefreiter. Herolds Bursche.

Drei weitere , nie identifizierte Gefreite:

NN, Fritz:	Aus Danzig, genannt Killer.
NN, Michael:	Aus Mannheim, beinahe glatzköpfig.

NN, Michael:	Aus der Steiermark, der außergewöhnlich große Hände hatte.
NN:	Angehöriger der Marine mit unbekanntem Dienstgrad.
Bierschinski, Willi:	Der Fahrer von Herold. [119]

---

[119] Alle Namen aus Pantcheff: A.a.O. 1995, S. 35.

Todesmarsch nach Celle (Werlte)

Dr. Thiel streicht die Liste der ursprünglich 900 regimefeindlichen Gefangenen auf 400 zusammen. [120]

Im Lager III Brual-Rhede trifft es 113 Gefangene. Unter ihnen, als Nr. 78, wird auch der Strafgefangene **Albert Sommer** mit der Strafgefangenennummer 914/43 aufgeführt. [121] Aus einem Anschreiben vom 24.3.1945 an den Vorsteher des Lagers VII Esterwegen geht hervor, daß diese Männer am gleichen Tage mit dem Fahrdienst in das 33 km entfernt liegende Lager nach Esterwegen transportiert werden.

An diesem Tag tauscht **Albert Sommer** nach nunmehr fast 3 Jahren die Holzschuhe gegen seine eigenen Schuhe ein. Es ist auch davon auszugehen, daß entsprechend der Regelung für den Räumungsfall ein Beutel mit der eigenen Privatkleidung ausgehändigt wird.

Im Lager VII Esterwegen treffen sie mit den restlichen circa 300 „Auserwählten" der anderen Straflager zusammen.

---

[120] Kosthorst/Walter: a.a.O. 1983, S. 1954 u. 1977.

[121] Die Liste liegt den Verfassern vor. Aus datenschutzrechtlichen Gründen und wegen der schlechten Qualität wird auf die Wiedergabe, auch auszugsweise, verzichtet.

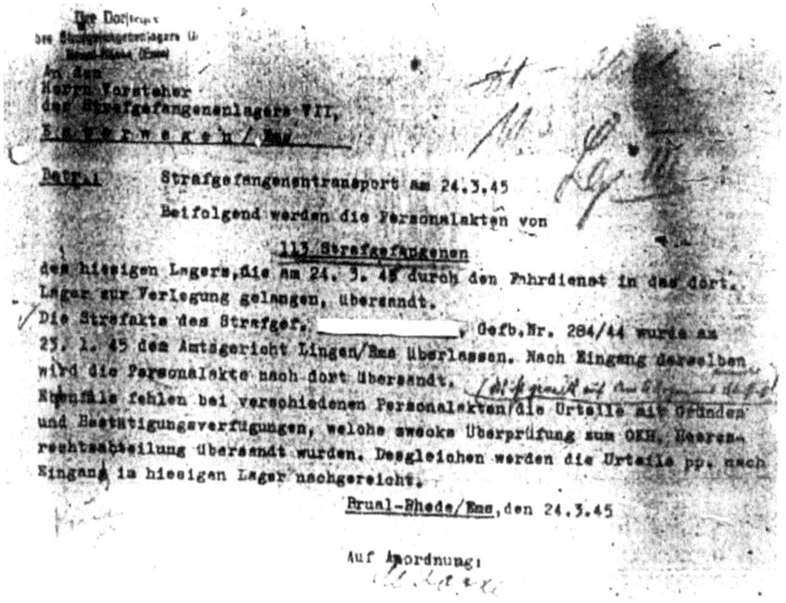

Die Dor[...]
des Strafgefangenenlagers II
[...] (Ems)
An den
Herrn Vorsteher
des Strafgefangenenlagers VII,
E s t e r w e g e n / Ems

Betr.:   Strafgefangenentransport am 24.3.45
          Beifolgend werden die Personalakten von
                      113 Strafgefangenen
des hiesigen Lagers, die am 24. 3. 45 durch den Fuhrdienst in das dort.
Lager zur Verlegung gelangen, übersandt.
Die Strafakte des Strafgef. _____, Gefb.Nr. 284/44 wurde am
23. 1. 45 dem Amtsgericht Lingen/Ems überlassen. Nach Eingang derselben
wird die Personalakte nach dort übersandt.
Ebenfalls fehlen bei verschiedenen Personalakten die Urteile mit Gründen
und Bestätigungsverfügungen, welche zwecks Überprüfung zum OKH, Heeres-
rechtsabteilung übersandt wurden. Desgleichen werden die Urteile pp. nach
Eingang im hiesigen Lager nachgereicht.
                      Brual-Rhede/Ems, den 24.3.45

                      Auf Anordnung:

Abb. 55: Anschreiben vom Lager II Brual-Rhede
an den Vorsteher des Lagers VII Esterwegen
zur Verlegung von 113 Strafgefangenen
(ein Teil von Thiels Liste). [122]

---

[122] Listenmaterial Papenburg, 24.3.1945, No. 3717482#1(1.1.34.1/0001-
0195/0067/0023), ITS Digitales Archiv.

Im Laufe des nächsten Tages, es ist der Palmsonntag, 25.3.1945, werden im Lager VII Esterwegen die Vorbereitungen nach dem „Hamburger Räumungsplan" zum Abmarsch der 400 Gefangenen nach Celle, und von dort zum Weitertransport in das KZ Bergen Belsen abgeschlossen.

Um 16.00 Uhr setzt sich der erbarmungswürdige, unterernährte und total erschöpfte Trupp in Bewegung. Von zehn am Straßenrand zusammengebrochenen Männern werden drei durch den Zugbegleiter Wei… erschossen, drei weitere sterben an Erschöpfung. Eine Marschverpflegung gibt es nicht.

Erst um 03.00 Uhr morgens am 26.3.1945 erreichen die Überlebenden die Gemeinde Werlte. Dort pfercht man sie wie eine Viehherde in der Turnhalle zusammen. In der unbeschreiblichen Enge werden weitere drei oder vier Gefangene zerquetscht.

Wie langsam und mühselig sich der Marsch gestaltet hat, läßt sich daran erkennen, daß die 20 km erst nach 11 Stunden bewältigt werden konnten, gerade mal 1,8 km in einer Stunde.

In der Zentralverwaltung setzt sich die Erkenntnis durch, daß der 200 km entfernt liegende Zielort Celle nicht erreicht werden kann.

Nach einer kärglichen Suppe für die Gefangenen am Morgen des 26.3.1945 beordert Dr. Thiel den Trupp zurück in das Lager VII Esterwegen. Der Gefangenenzug schleppt sich zurück und erreicht Lager VII am 26. oder 27.3.1945. Über weitere Sterbefälle auf dem Rückmarsch gibt es keine Dokumente. [123] [124]

---

[123] Kosthorst/Walter: a.a.O. 1983, S. 1.976. Pantcheff: a.a.O. 1995, S. 18. (Die angegebene Entfernung von 30 km ist falsch).

[124] Anmerkung d. Verf. I. und H.P: Durch die Rückbeorderung nach Esterwegen ist es den Gefangenen vielleicht erspart geblieben, in das „Massaker von Celle", euphemistisch auch „Celler Hasenjagd", zu geraten, der durch einen Luftangriff auf Celle auch einen Zwangsarbeiterzug mit 3.800 bis 4.500 Männern, Frauen und Kindern traf, die für einen Abtransport in das KZ Bergen-Belsen auf dem Bahnhof standen, und bei dem anschließend eine Jagd auf die Häftlinge veranstaltet wurde.

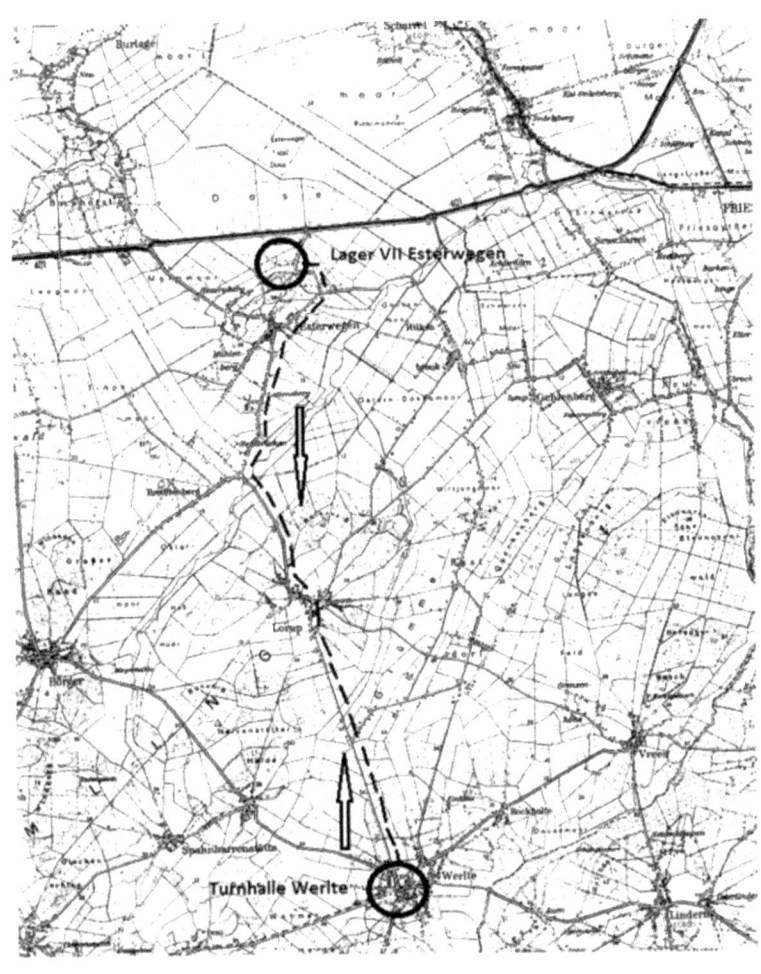

Abb. 56: Der Todesmarsch der regimefeindlichen Gefangenen
von Esterwegen nach Celle am 25./26.3.1945.
Er endet schon in Werlte. [125]

[125] Ausschnitt aus der topographischen Karte 1:100.000, C 3110 Papenburg
von 1969 der Niedersächsischen Vermessungs- und Katasterverwaltung. ©
2013 ⓔLGLN . Der Ausschnitt ist nicht maßstabsgerecht.

143

Ob **Albert Sommer** während des Marsches noch in der Lage war, an seine Frau und die Tochter Inge zu denken, können wir natürlich nicht wissen. Aber Schicksalsschläge innerhalb einer Familie trotz großer räumlicher Trennung sind oft verblüffend. Genau an diesem Palmsonntag fliegen die britischen Bomberverbände den 78. und damit letzten, verheerenden Luftangriff auf Osnabrück. Ein Flächenbombardement zur Vernichtung von Häusern und Zivilpersonen nach der am 14.2.1942 vom britischen Luftfahrtministerium herausgegebenen „Area Bombing Directive" (General Directive No. 5 (S.46368/D.C.A.S), auf deutsch: „Anweisung zum Flächenbombardement". [126]

Albert Sommers Tochter Inge und ihre Mutter überleben den Angriff in einem Bunker. Auf der Flucht vor den herabstürzenden, brennenden Häusern offenbart sich ihnen das ganze Ausmaß der Zerstörung. Die Sprengbomben und Phosphorbrandbomben haben ihre Wirkung erzielt. Sogar die Straßen brennen, und sie müssen mit den wenigen Habseligkeiten über Trümmer und Leichen steigen, da es viele Menschen nicht geschafft haben, sich rechtzeitig in Sicherheit zu bringen. Mutter und Tochter werden angewiesen, einen anderen Weg zu nehmen, da alle Häuser in ihrem Wohngebiet zerbombt seien.

Nun hoffen sie, mit dem Zug aus dem Chaos zu den Großeltern nach Diepholz flüchten zu können. Der Osnabrücker Bahnhof

---

[126] Mit dieser völkerrechtswidrigen Anweisung wird dem Bomber Command Harris mitgeteilt, er könne seine Streitkräfte ab sofort ohne jede Beschränkung einsetzen. Am Tag darauf wird der RAF-Stabschef noch deutlicher, als er schreibt: „Ich nehme an, daß es klar ist, daß die Ziele bebaute Gebiete und nicht z.B. Schiffswerften oder Flugzeugwerke lt. Anhang A sein werden. Dies muß jedem klargemacht werden, falls es noch nicht verstanden worden ist." Ziel war es, 8 Millionen Häuser und 60 Millionen Wohnungen zu zerstören. Gerechnet wurde mit 900.000 Toten und einer Million Schwerverletzter. http://www.zeit.de/2005/14/A-Ruhrkessel,Manfred Messerschmidt: Generalfeldmarschall Models letztes Gefecht. Stand: 26.4.2014.

ist nicht mehr betriebsfähig, aber ab Belm, einem etwa 10 km entfernt liegenden Vorort, heißt es, fahren eventuell noch Züge. Es wird für die noch nicht einmal fünfjährige Tochter Inge und viele andere flüchtende Familien ein langer Weg, der immer wieder durch rettende Sprünge in einen Graben unterbrochen werden muß, weil englische Flugzeuge mit Maschinengewehrsalven Jagd auf die zivilen Flüchtlingsströme machen.

Mit Glück erreichen sie Belm, bekommen Platz in einem Zug und sind glücklich, daß sie trotz Beschuß des Zuges dem Inferno unversehrt entkommen können und irgendwann in dieser Nacht eine Unterkunft bei den Großeltern in Diepholz erhalten.

Als sie ein paar Tage später in Osnabrück nachsehen, ob aus der Wohnung noch etwas zu retten ist, müssen sie mit der traurigen Gewißheit wieder zurückfahren, daß ihnen absolut nichts geblieben ist. Nur ein Bügeleisen baumelt zum Abschied noch aus einer leeren Fensterhöhle.

Der Palmsonntag geht in die Osnabrücker Geschichte als „Qualmsonntag" ein.

Marsch vom Lager VII nach Lager I

Nach diesem Gedankensprung zur Familie **Albert Sommers** in die Heimatstadt, nun zurück zu den Geschehnissen im Lager VII Esterwegen.

Die Feindlage wird kritischer, und die Zentralverwaltung in Papenburg scheint zu diesem Zeitpunkt erkannt zu haben, daß ein geordneter Abtransport der 400 Gefangenen aus „Thiels Liste" nicht mehr durchgeführt werden kann.

Die Front rückt unaufhaltsam näher, und es ist abzusehen, wann die Alliierten den Küstenkanal erreichen werden.

Deshalb wird Anfang April damit begonnen, alle etwa 3.650 Strafgefangenen in 2 Lagern zu konzentrieren, wahrscheinlich, um aus Platzgründen eine etwa gleich starke Bestandsaufteilung zu erreichen. Während die Insassen der westlich der Ems gelegenen Lager III, IV und V dem Lager II Aschendorfermoor zugeführt werden, und das Lager dadurch ein Gesamtstärke von rund 2.000 Gefangenen erreicht, erhält der Oberscharführer der SA An... im Lager VII am Dienstag, 3.4.1945 um 17.30 einen Anruf aus Papenburg mit dem Befehl, die Gefangenen aus Lager VII [und die zugeführten Gefangenen aus „Thiels Liste"] sofort in das 12-15 km entfernte Lager I Börgermoor zu überführen. Schnelles Handeln ist geboten, Zeit für große Vorbereitungen steht nicht zur Verfügung.

Da der Lagervorsteher Hillermann erkrankt ist, und sein Stellvertreter Müller auch gleichzeitig der Lagerleiter des Lagers I Börgermoor ist, leitet An... persönlich den Transport in die Wege. Wieder werden bei dem Appell die Gefangenen aus „Thiels Liste" ausgesondert, und nicht nur **Albert Sommer** wird bei diesem zweiten Marsch der quälende Gedanke durch den Kopf gehen, was man mit ihnen wohl vor hat, als sie, noch im Hellen, um 20.00 Uhr als erster Trupp das Lager in Richtung Börgermoor verlassen.

Der zweite, wesentlich größere Transport, wird erst gegen 22.00/23.00 Uhr unter Führung von Hag... in Marsch gesetzt. Die Kranken, Marschunfähigen („Krücken", wie sie abfällig und wegwerfend im Lagerjargon bezeichnet werden) und einige zur Aufrechterhaltung des weiteren, kurzzeitigen Betriebes bleiben im Lager. [127] [128]

---

[127] Kosthorst/Walter: a.a.O: 1983, S. 3.099 ff. Anmerkung d. Verf. I. und H.P: Der Zeuge An...geht bei seiner Vernehmung 1949 von etwa 300 Gefangenen aus „Thiels Liste" aus. Die ursprüngliche Zahl von etwa 400 hat sich durch die bereits umgekommenen und getöteten Männer, sowie durch nicht marschfähige und kranke Gefangene, die zunächst noch im Lager VII bleiben, gelichtet.
[128] Pancheff: a.a.O. 1995, S. 18. Anmerkung d. Verf. I. und H.P: Pancheff geht von einem falschen Datum am 7. oder 8.4.1945 aus.

Vielleicht ist es der Aussonderung von rund 200 Kranken und Marschunfähigen zu verdanken, daß die Märsche einigermaßen glimpflich verlaufen. Behauptungen, ein Gefangener sei einfach in einen Kanal geworfen worden, lassen sich durch die Vernehmung des An... nicht bestätigen. Außerdem sollen bei diesen Verlegungen keine Gefangenen geflüchtet sein.

Im Lager I Börgermoor mit einer Belegungsfähigkeit von 1.500 Plätzen ist ein Teil des Lagers von der Wehrmacht belegt. Unter der Leitung von Hauptmann Hoeft sind hier etwa 470 Soldaten festgesetzt, die als Wehrmachtsuntersuchungsgefangene auf ihre Verurteilung warten.

Mit den Bestandsgefangenen von Lager I, den Neuankömmlingen aus „Thiels Liste", den Gefangenen von Lager VII und den wohl kurzfristig nachkommenden „Krücken" hat damit auch dieses Lager rund 2.000 Insassen. [129]

---

[129] Zahlenergebnisse aus Kosthorst/Walter: a.a.O. 1983, S. 1.458 unter Berücksichtigung der rund 400 aussortierten Regimegegner nach „Thiels Liste".

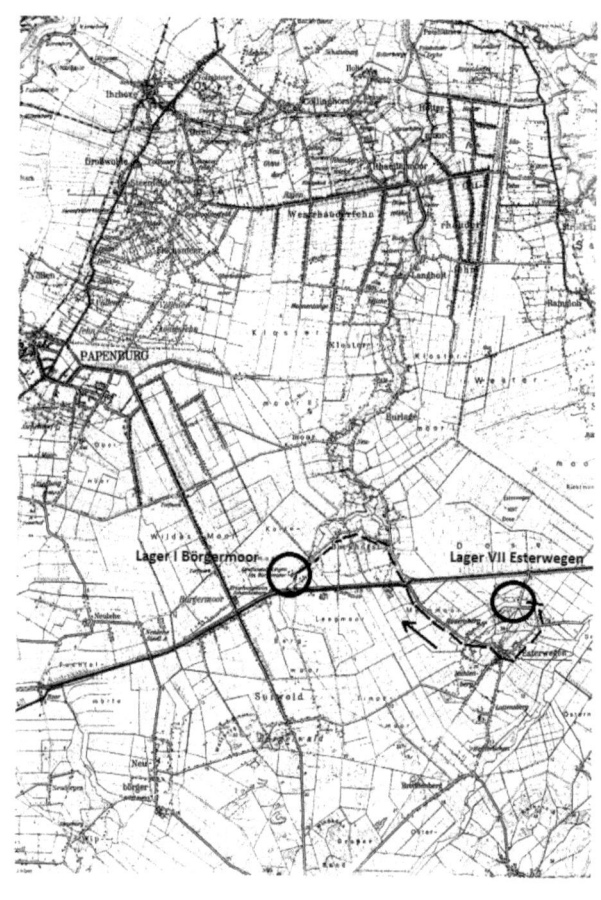

Abb. 57: Marsch der regimefeindlichen Gefangenen von
Lager VII Esterwegen nach Lager I Börgermoor
am 3.4.1945 um 20.00 Uhr.
Die „normalen" Gefangenen folgen
gegen 22.00/23.00 Uhr. [130]

[130] Ausschnitt aus der topographischen Karte C 3110 Papenburg, a.a.O. 1969 © 2013 ✿LGLN . Der Ausschnitt ist nicht maßstabsgerecht. Bearbeitung durch Autor H.P.

Todesmarsch nach Collinghorst

Die Ruhe im Lager I Börgermoor soll nur ein paar Tage anhalten. Am Wochenende, Samstag oder Sonntag, 7./8.4.1945, beordert der Lagervorsteher Müller seinen Mitarbeiter Justizoberwachtmeister Louis Fü... zu sich. Hauptmann Hoeft, zuständig für die separierten Militärgefangenen, ist bei ihm und drängt auf eine Räumung des Lagers. Bei Müller hat sich inzwischen der Gedanke gefestigt, während der bevorstehenden Verlegung der Militärgefangenen in die Marineartillerie-Baracken nach Leer die gesamten Lagerinsassen mitmarschieren zu lassen.

Der in der Lagerverwaltung tätige Platzmeister Louis Fü... hält es auf Befragen zwar für richtiger, das Lager aufzugeben, Müller aber hält an seinem Entschluß fest. [131]

Erst später wird sich herausstellen, daß diese Maßnahme nicht mit der Zentralverwaltung abgestimmt ist, und daß Müller mit seiner Entscheidung einen folgenschweren Fehler begeht.

Es ist Montag, der 9.4.1945. Im Lager I ist lautes Grollen wie bei einem starken Aprilgewitter zu hören. Alle Brücken über den in unmittelbarer Nähe verlaufenden Küstenkanal sind gesprengt worden. Die deutsche Wehrmacht hat direkt an den Nordrand des Kanals die Kampflinie verlegt. Lager I Börgermoor liegt jetzt mitten in der Front. [132]

In aller Hektik werden die Vorbereitungen für die Räumung getroffen. Eine nicht gerade kleine logistische Aufgabe für fast 2.000 Gefangene.

Am Abend treffen zwei Justizbeamte aus Lager II Aschendorfermoor mit dem Motorrad ein. Es sind der Justizoberwachtmeister Widhalm [genannt „Stumpen", wegen der fehlenden rechten

---

[131] Kosthorst/Walter: a.a.O. 1983, S. 3.089. Pantcheff: a.a.O. 1995, S. 18.

[132] Kosthorst/Walter: a.a.O. 1983, S. 2.172.

Hand] und sein Beifahrer Josef Euler, beide jetzt Angehörige des Volkssturmzuges Bernhard Meyer [„Schnurrbart-Meyer"]. [133] Sie haben vom Einheitsführer und Volkssturmkompanieführer aus Lager II, Karl Schütte [der Musiker], den Befehl erhalten, Lagervorsteher Müller solle die entbehrlichen Beamten nach Lager II zum Volkssturm abstellen.

Selbst in Aschendorfermoor weiß also niemand etwas von den Vorbereitungen, die in Börgermoor getroffen werden. Müller kann keine Männer abstellen, im Gegenteil, ihm fehlen sogar ausreichend Leute für die Bewachung der großen Kolonne.

Vielleicht ist das auch der Grund, neben der ohnehin vorgeschrittenen Zeit, daß Widhalm und Euler über Nacht im Lager I bleiben.

In aller Frühe am Dienstag, 10.4.1945, müssen die Gefangenen zum Appell antreten. Einen Überblick über die genauen Zahlen der Gefangenen wird es zu diesem Zeitpunkt schon nicht mehr geben.

Jeder erhält vor dem Abmarsch einen Becher Ersatzkaffee und eine ungefähr 5 cm dicke Schnitte Brot. Trockenes Brot natürlich, ohne Butter, Margarine, Fleisch oder sonst eine Zulage.

Anschließend werden die einzelnen Marschkolonnen zusammengestellt. Kolonne 1 mit etwa 700 Mann aus den Lagern I und VII, Kolonne 2 mit rund 500 Militärgefangenen unter Leitung von Hauptmann Hoeft und mit der Sonderbewachung durch Soldaten der Wehrmacht, und Kolonne 3 mit einer nicht konkret genannten Zahl von Gefangenen aus den Lagern I und VII, die wegen Krankheit und allgemeiner körperlicher Schwäche schlecht laufen können. Den Schluß bilden die Wagen mit den Lebensmitteln. [134] Zurückgelassen werden zunächst die etwa 200 Amputierten,

---

[133] Anmerkung d. Verf. I. und H.P: Es muß sich um ein besonders umgebautes Motorrad handeln, ansonsten ist es mir ein Rätsel, wie jemand nur mit der linken Hand fahren kann.

[134] Kosthorst/Walter: a.a.O. 1983, S. 2.172 und 3.101.

frisch Operierten und Schwerkranken im Sanitätsbereich mit einem entsprechenden Anteil älterer Wachleute. [135]

Der April 1945 wird nach den Wetteraufzeichnungen als überdurchschnittlich warmer Monat beschrieben, und so ist es in dem Moorgebiet keine Seltenheit, daß an diesem Morgen dichter Bodennebel herrscht.
Kein gutes Wetter, um bewachte Gefangenenkolonnen dieser Größenordnung auf den Marsch zu schicken.

Zwischen 5 und 6 Uhr marschieren die einzelnen Züge zu dem 30 km entfernt liegenden Ziel nach Leer ab.
Ein erbarmungswürdiger Anblick.
Albert Sommer und die anderen aus „Thiels Liste" befinden sich, dieses Mal gemischt mit den Gefangenen aus Lager I, in der ersten Kolonne. Die beiden Strafgefangenenzüge werden von Lagervorsteher Müller und Louis Fü… geleitet.

Der Nebel, die Entbehrungen und der ewige Hunger lösen bei vielen verzweifelten Gefangenen Fluchtabsichten aus.
Sofort nach Verlassen des Lagers versuchen einige Gefangene aus den Reihen auszubrechen. Die Wachen schwärmen aus, alle mit Karabinern 98k bewaffnet. Die Flüchtenden werden zusammengetrieben. Schüsse peitschen durch die Luft. Auch Widhalm und Euler, die am Vorabend eingetroffenen Beamten aus Lager II, sind mit von der Partie.
Schon nach den ersten Schüssen stürzt ein schwer verwundeter Gefangener aus den Büschen. Er bricht vor Euler zusammen und ist nur noch in der Lage, den Unterkiefer zu bewegen. Obwohl

---

[135] *Kosthorst/Walter: A.a.O. 1983, S. 2.172.*

der Sanitätsbereich so nah ist, geht Euler zu ihm und gibt ihm den Gnadenschuß. [136]
Im weiteren Verlauf des Marsches werden noch viele Gefangene erschossen. Keiner zählt die Opfer, keiner kennt die Namen. [137]

Es ist ja nur Pattjackenblut!!

Karl Hagewald, der Platzmeister von Lager VII, erschlägt mit dem Gewehrkolben einen zusammengebrochenen Gefangenen derart brutal, daß das Holz zersplittert. Nur wer den eisenbeschlagenen Schaft eines „K 98" schon einmal in den Händen hielt, kann ermessen, wie heftig der Wutausbruch gewesen sein muß.

Ungefähr 800 Meter vom Lager entfernt gabelt sich die Straße. Während ein Teil der Kolonne weiter über Burlage geführt wird, biegt der andere Teil nach Bockhorst ab.
Von dieser Kolonne flüchten ebenfalls Gefangene. Der Nebel ist aber nicht ihr Verbündeter, denn zu allem Unglück laufen sie nach Burlage hinüber und werden dort von der anderen Kolonne aufgegriffen und wieder mitgenommen.

Bauernhöfe tauchen schemenhaft im Nebel auf, Gefangene springen aus den Reihen, klopfen an Türen und Fenster, um Wasser und Lebensmittel zu erbetteln. Der unsägliche Hunger treibt sie dazu.

---

[136] Pantcheff: a.a.O. 1995, S. 30 und 191. Kosthorst/Walter: a.a.O. 1983, S. 3.101 und 2.172.
[137] Kosthorst/Walter: a.a.O. 1983, S. 3.102. Pantcheff: a.a.O. 1995, S. 20. Anmerkung d. Verf. I. und H.P: Während Fü... von „einer Menge Leute" spricht, geht Pantcheff von fünf Erschossenen aus.

Eine Einwohnerin aus Burlage hat damals ein regelrechtes Tagebuch geführt. Ich zitiere hier in Auszügen ihre Aufzeichnungen als Augenzeugin: [138]

„Am 10. April 1945 begann ein neues Stadium. Die etwa 10 Kilometer entfernten KZ-Lager Esterwegen und Börgermoor wurden geöffnet. Heraus strömten die verkommenen und zerlumpten Häftlinge. Sie wurden an unserem Haus vorbeigeführt. Trotz strengen Verbots liefen mehrere Häftlinge aus der Reihe, klopften an die Fenster und Türen und baten um Wasser und Brot. Sie waren vollständig ausgehungert. In den nächsten Tagen nach dem Vorbeizug gingen Patrouillien, um die vom Zuge abgekommenen ??leute aufzustöbern."

Inwieweit das Klopfen und Bitten erhört wurde, ist leider nicht bekannt. Wir werden aber noch gewahr, daß einer der Gefangenen [sein Vorname ist „Ludwig"] bei dieser Familie besonderes Glück hatte. Deshalb lasse ich die Einwohnerin weiter erzählen:

„[…] morgens begannen wir unsere Arbeit. Dabei fanden wir in unserer Scheune im Stroh einen Mann, der sich in eine Decke eingehüllt hatte. Man konnte kein Lebenszeichen an ihm wahrnehmen. Auf wiederholtes Rufen regte sich etwas unter der Decke, ein vollständig abgemagerter KZ-Häftling kam zum Vorschein. Wir stellten ihm ein paar Fragen, worauf er uns erzählte, wie es ihm ergangen sei. Wegen Abhörens feindlicher Sender war er in das KZ-Lager gekommen. Mit seinen Kräften war er soweit, daß er fast nicht mehr stehen konnte. Dazu war er noch krank an leichter Lungenentzündung. Das Sprechen fiel ihm schwer.

---

[138] Entnommen aus: Chronik aus schrecklichen Tagen. Das Ende des zweiten Weltkrieges. Aus dem Tagebuch einer Einwohnerin. URL: http://www.rhaude.de/umland/burlage/burlage45.htm. Stand: 11.10.2013.

Weil er nicht fortgehen wollte, machten wir mit ihm aus, falls er ge-
funden würde, solle er nicht verraten, daß wir von ihm wußten. Das
versprach er uns fest.
[...] Nun war der 14. April herangerückt. Unseren Scheunenbe-
wohner verpflegten wir so gut wie eben möglich. Dabei erzählte er
uns, die „Blauen" (Wachleute) müßten noch immer auf der Suche
nach vermißten Gefangenen sein. Die letzte Nacht seien sie sogar
zwischen den Häusern gegangen. Er hatte sie sprechen gehört. Lud-
wig blieb des Nachts immer wach, damit er sich im Schlaf nicht
durch ein Geräusch verraten konnte."

Während Ludwig wohl zu den außergewöhnlichen Glückspilzen
zählt, wird sich noch später herausstellen, daß viele Gefangene
unter Mithilfe der Bevölkerung wieder aufgegriffen werden.

In Altburlage vereinen sich beide Trupps auf der nach Westrhauderfehn führenden Straße, marschieren weiter durch Langholt
und Rhaudermoor und erreichen am Nachmittag Collinghorst.
Alle lagern hier gemeinsam, und jeder Mann bekommt von dem
mitgenommenen Brot ein Stück von 5-7 cm.
Als die Fahrzeuge eintreffen, um Hauptmann Hoeft mit den Mili-
tär-Untersuchungsgefangenen weiter nach Leer zu transportieren,
wird die Fehlentscheidung des Lagervorstehers Müller deutlich.
Man macht ihm unmißverständlich klar, daß die Zivilgefangenen
nicht in Leer untergebracht werden können.
Bei dem folgenden Anruf in Papenburg erhält er die Anweisung,
mit allen Strafgefangenen in das Lager II Aschendorfermoor zu-
rückzumarschieren. Zwischenzeitlich trifft noch ein Wagen aus
Papenburg mit ungekochten Lebensmitteln ein. Eine verfehlte
Aktion, da keine Kochgelegenheit besteht. Die Gefangenen müssen weiter hungern. [139]

---

[139] Kosthorst/Walter: a.a.O. 1983, S. 3.101. Pantcheff: a.a.O. 1995, S. 20.

Zu diesem Zeitpunkt ist auch bereits in der Zentralverwaltung bekannt, daß etliche Gefangene geflohen sind. Suchtrupps aus Lager II für das Aufspüren der Geflohenen werden zusammengestellt.

Die Jagd ist eröffnet.

Es gehen Beschwerden aus der Bevölkerung über Betteleien, Diebstähle und Plünderungen ein. Einer weiß noch mehr als der Andere, und es verbreiten sich sogar Gerüchte über Gewalttätigkeiten und Vergewaltigungen.

Aber wer die Eigendynamik von Gerüchten kennt, weiß auch, daß sie oft in maßlosen Übertreibungen und Verleumdungen enden. So auch in diesen Fällen.

Durch die sorgfältigen Untersuchungen und Ermittlungen der Gerichte nach dem Kriege stellt sich heraus, daß die entflohenen Gefangenen wohl Lebensmittel erbettelten und auch kleinere Diebstähle begingen, aber keine anderen Verbrechen (z.b. Vergewaltigungen) bekannt waren. [140]

Aus Fehlern wird man klug. Müller läßt durch Fü... zur besseren Bewachung die Gefangenen in Gruppen von 50 Mann mit den entsprechenden Wachleuten einteilen. Gegen Abend marschiert dann eine Gruppe nach der anderen aus Collinghorst ab. Fü... selber führt die letzte Gruppe, um zurückgebliebene Gefangene oder Flüchtlinge aufzufangen. Es liegen insgesamt etwa 15 km über die Orte Ihren, Flachsmeer, Völlenerkönigsfehn und Papenburg-Obenende zum Lager II Aschendorfermoor vor ihnen.

Ein mehr als einen Kilometer langer Lindwurm ausgemergelter und kranker Gestalten im Abendlicht.

Etwa 400 Meter hinter Collinghorst muß Fü... schon seinem Auftrag als „Auffänger" nachkommen. Irgendein Kollege vor ihm hat „gute Arbeit" geleistet. Am Straßenrand liegt ein Verwundeter mit einem Schulterschuß. Fü... bringt ihn in ein Bauernhaus, verbindet ihn, richtet ihm ein Lager im Heuschober her,

---

[140] Kosthorst/Walter: a.a.O. 1983, S. 3.089.

läßt ihm einige Decken zurück und sorgt dafür, daß er später in das Krankenrevier des Lagers II eingeliefert wird.

Es ist höchstwahrscheinlich der gleiche Gefangene, über den später der Polizeimeister Hin... aus Burlage, der am 9.4.1945 seinen Dienst in Collinghorst bei Leer angetreten hatte, dem Untersuchungsrichter beim Landgericht in Oldenburg am 24. Juni 1948 berichtet:

„Ich bin aus meiner Stelle im Gouvernement Krakau vertrieben worden und trat am 9.4.1945, wenn ich mich recht erinnere, die damals leere Stelle des Polizeiposten in Collinghorst bei Leer an. In der Nacht zum 10. oder 11. April 1945 kam der Hilfspolizeibeamte G., zur Zeit wohnhaft in Collinghorst, wo er Bankvorsteher ist, zu mir und meldete, daß in Collinghorst Strafgefangene, die auf einem Transport durch Collinghorst gekommen waren, angeschossen und liegengelassen worden seien. Ich stand sofort auf und ging mit G. auf die Suche nach diesen angeblich angeschossenen Gefangenen. Auf dem Wege vom Polizeiposten Collinghorst nach Glansdorf kamen uns zwei Männer entgegen, welche ich anrief. Sie antworteten, daß sie Strafgefangene seien, die von dem Transport abgekommen wären. Wir haben diese beiden Strafgefangenen mitgenommen und weiter gesucht auf dem Wege nach Glansdorf. Dann hörten wir von weitem aus einer Scheune das Jammern eines Menschen, zu welchem Gehöft diese Scheune gehört, weiß ich nicht. G. wird wohl den Namen des Gehöftes kennen. Wir gingen zu dem Bauern, auf dessen Gehöft die Scheune lag, und fragten, was los wäre. Der Bauer erklärte uns, daß ein Gefangener auf den Bauernhof gekommen sei und dort seine Frau um Wasser gebeten habe. Der Bauernhof lag unmittelbar an der Straße. Der Bauer sagte weiter, daß seine Frau auf die Bitte des Gefangenen ins Haus gegangen sei, um Wasser zu holen. Als seine Frau im Haus gewesen sei, habe ein Wachmann, der hinter dem Gefangenen marschiert sei, auf diesen geschossen und den angeschossenen Gefangenen liegen lassen. Er habe darauf den Gefangenen in die Scheune geschafft. Ich habe darauf den Bauern veranlaßt, auf einem Wagen den Gefangenen zu Dr. Ma. in Col-

linghorst zu fahren. G. und ich folgten dem Wagen, ebenfalls die beiden Gefangenen. Auf dem Wege zu Dr. Ma. kamen aus dem Gebüsch beiderseits der Straße etwa 20 Gefangene hinzu, sie kamen nacheinander, alle paar Schritte kam ein neuer Gefangener hinzu, einige kamen uns nachgelaufen. Die Gefangenen baten mich, sie aufzunehmen, sie sagten ausdrücklich, sie hätten Angst, wieder in die Hände der Blauen zu fallen. Ich habe den angeschossenen Gefangenen Herrn Dr. Ma. persönlich übergeben, auch dessen Frau stand auf und bemühte sich um den Gefangenen. Ich hörte später, daß dieser Gefangene wieder gesund geworden sei.

G. und ich haben die übrigen 20 Gefangenen mitgenommen zu G.s Wohnung. Dort hat G. die Gefangenen gespeist. Frau G. hat für sie am frühen Morgen gekocht. Nach dem Essen habe ich die 20 Gefangenen nach Westrhauderfehn zum Abteilungsführer Polizeimeister We. gebracht, dort war eine Sammelstelle für ausgebrochene, entflohene Gefangene. Diese war in der dortigen Schule eingerichtet. Ich bin nicht in der Schule gewesen. Habe aber persönlich meine 20 Gefangenen an Polizeimeister We. abgeliefert. Wie ich später hörte, hat Herr We. die aufgesammelten Gefangenen nach Leer gebracht.

In Collinghorst habe ich in den nächsten Tagen von Gefangenen nichts mehr gehört und gesehen. [141]

Manchmal bekommt eben auch das „Gute" seine Chance, auch wenn das „Böse" erdrückend überwiegt.

In Völlenerkönigsfehn wird übernachtet, teils in einer Schule, teils in einem Arbeitslager. [142] Beim Weitermarsch am Mittwoch,

---

[141] Anmerkung d. Verfasser I. u. H.P: Interessant hierbei ist, daß die Gefangenen im Landkreis Leer nicht wieder nach Aschendorfermoor (Landkreis Emsland) ins Lager gebracht werden.

[142] Kosthorst/Walter: a.a.O. 1983, S. 3.102. Pantcheff: a.a.O. 1995, S. 20. Anmerkung d. Verf. I. und H.P: Während der in der Lagerverwaltung des Lagers I Beschäftigte Fü… als Hauptbeteiligter des Marsches die Übernachtungen in der Schule und im Arbeitsdienstlager bezeugt, spricht Pantcheff von einer Übernachtung auf dem freien Feld. Diese Aussage wird nicht durch Dokumente gestützt.

11.4.1945, erhalten die Gefangenen aus einer Molkerei in Papenburg-Obenende Milch. Die einzige Verpflegung an diesem Tag!

Der Abmarsch verzögert sich. Der Volkssturmzug Bernhard „Schnurrbart" Meyer mit etwa 30-36 Mann ist, wohl zur Verstärkung der Begleitmannschaft des Gefangenenzuges, unterwegs nach Flachsmeer. Unter ihnen auch wieder der Gruppenführer Euler [der Meister der Gnadenschüsse]. Fü... trifft sich mit diesem Zug in der Schule in Flachsmeer.

Bei der Annäherung an das Gebäude hört Fü... einen Schuß, und sieht beim Betreten des Schulgeländes in der Mitte des Schulhofes einen toten Gefangenen liegen. Vor dem Gefangenen steht Euler mit einer Pistole in der Hand. Als er Euler fragt, was los sei, antwortet der: „Das da ist unser Schmitz, der übelste Dreckskerl in unserem Lager; er ist schon einmal getürmt, und jetzt spielt er wieder seine miesen Spielchen."... „Solche Schweinehunde wie den können wir nicht brauchen, und die anderen werden künftig mehr Respekt zeigen."

Euler wird es später im Prozeß so formulieren: „Am Mittwoch, dem 11. April 1945, marschierte der Zug nach Flachsmeer, wo wir ungefähr 50 Gefangene aus der Schule einsammelten. ... Ein Gefangener lief quer über den Schulhof in Richtung auf den Zaun, der das Gelände hinten abschließt. Ich zog die Pistole und schoß auf den Gefangenen. Der erste Schuß verfehlte ihn, aber der zweite tötete ihn sofort, so daß sich ein Gnadenschuß erübrigte." [143]

Ob es sich um ehemals flüchtige Gefangene handelt, die von der Begleitmannschaft wieder eingebracht wurden, oder aber nur um Gefangene, die in der Schule übernachtet haben [Völlenerkönigsfehn und Flachsmeer liegen nah beieinander], wird sich nicht mehr feststellen lassen. Mit der Verstärkung durch den Volkssturmzug Meyer wird der Marsch zum Lager II Aschendorfermoor fortgesetzt.

---

[143] Pantcheff: a.a.O. 1995, S. 147 und 191.

Nach einer weiteren Rast kurz vor dem Ziel erreicht der Gefangenzug nach diesem mörderischen Gewaltmarsch von insgesamt 35 km gegen 18.00 Uhr das Lager II Aschendorfermoor. Zum jetzigen Zeitpunkt ahnen weder die angekommenen Gefangenen, noch die begleitenden Wachmannschaften, welches neue Kapitel im Buch des Lagers II am Nachmittag aufgeschlagen wurde.

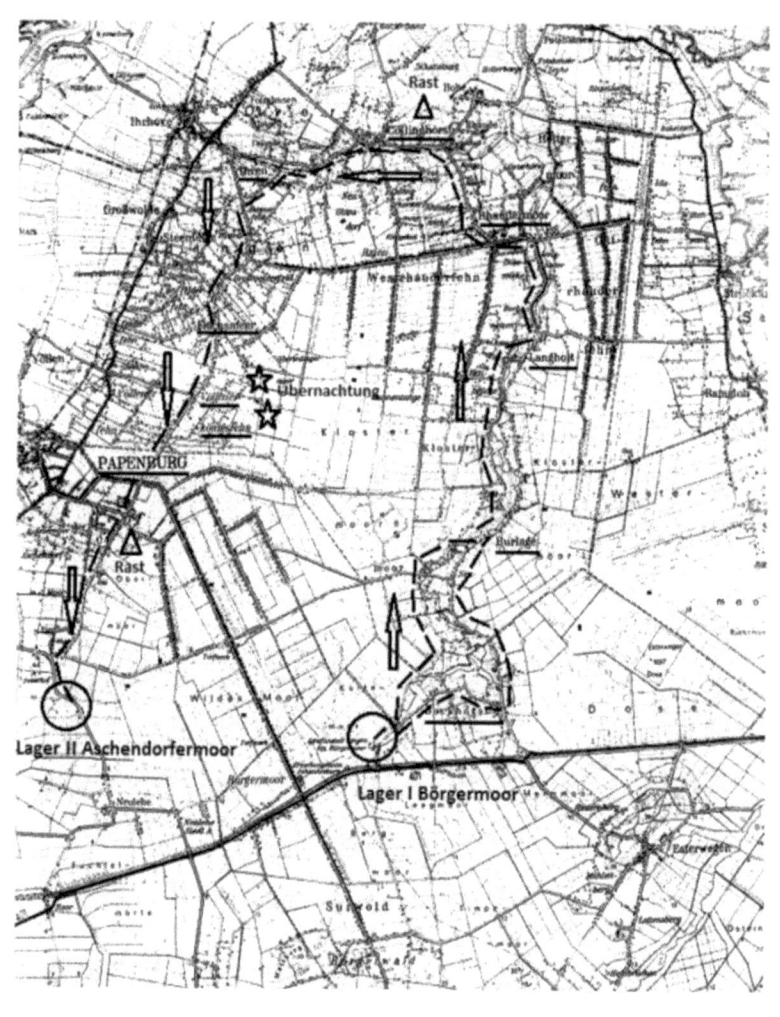

Abb. 58: Todesmarsch nach Collinghorst und weiter
nach Lager II Aschendorfermoor
am 10./11. 4. 1945 [144]

---

[144] Ausschnitt aus der topographischen Karte C 3110 Papenburg, a.a.O. 1969
© 2013 LGLN . Der Ausschnitt ist nicht maßstabsgerecht. Bearbeitung durch
Autor H.P.

Todesmarsch der „Krücken" („Der vergessene Marsch")

Nach dem Abrücken der Gefangenen aus dem Lager I Börgermoor steigt der 29-jährige Widhalm auf sein Motorrad und fährt gemeinsam mit Euler durch das Moor über Burlage zu seiner Frau und den drei Kindern nach Westrhauderfehn. Erst nach einigen Stunden Aufenthalt setzen sie ihre Fahrt zum Lager II Aschendorfermoor fort. Hier erfahren sie, daß Bernhard Meyer mit seinem Volkssturmzug, dem sie auch angehören, bereits ausgeschwärmt ist, und sie erhalten ebenfalls den Befehl, sich auf die Suche nach entflohenen Gefangenen zu begeben.

Auf ihrer Fahrt durch Papenburg, am Splittingkanal entlang Richtung Lager I Börgermoor, sehen sie auf der anderen Seite des Kanals, in der Nähe des Hauses von Wulffen, einen Gefangenen. Widhalm hält an. Es wird sich nie klären lassen, wer von den beiden geschossen hat, aber einer von ihnen legt den Finger an den Abzug und schießt [Gewehr oder Pistole?]. Der Gefangene rutscht in den Kanal. Nach einem rückwärts gerichteten Kontrollblick des Schützen während der Weiterfahrt sieht er, daß der Mann noch lebt. Erneuter Stop, ein weiterer Schuß, jetzt versinkt der Getroffene im Kanal. [145]

Kurz vor Bockhorst sehen sie in 10-12 Metern Entfernung zwei Gefangene von rechts nach links über die Straße laufen. Wieder gibt es kein Zögern. Beide schießen, jeder trifft. Während der eine Gefangene sofort tot ist, muß Euler bei dem anderen wieder sein Geschick mit einem Gnadenschuß beweisen. [146]

Gleich darauf treffen sie gegen 17.00 Uhr im Lager I ein, weil Widhalm aus dem aufzulösenden Lager noch Waffen für den Volkssturm mitnehmen möchte.

---

[145] Kosthorst/Walter: a.a.O. 1983, S. 2.172 und 2.205.
[146] Pantcheff: a.a.O. 1995, S. 191.

Im Lager herrscht schon wieder hektisches Treiben. Auf Weisung der Wehrmacht muß das Lager wegen der Feindlage jetzt gänzlich geräumt werden.

Die nicht Marschfähigen, Kranken, Operierten und Amputierten aus dem Krankenrevier sind dabei, sich zum Abrücken fertig zu machen. [147]

Während die nicht marschfähigen Wehrmachtsuntersuchungsgefangenen mit Fuhrwerken nach Leer transportiert werden, sollen die „Krücken" zu Fuß den 15 Kilometer langen Weg zum Lager II Aschendorfermoor zurücklegen.

Widhalm und Euler besitzen zwar keinen entsprechenden Befehl, aber „aus Zweckmäßigkeitsgründen" übernehmen sie die Führung der Marschkolonne.

Das Gericht gibt zwar in einem Verfahren im Juni 1950 gegen Widhalm „ein 5 km entferntes Marschziel" an, gemeint sein kann aber nur das Lager II Aschendorfermoor in einer Entfernung von etwa 15 Kilometern. [148]

Zwei Bürger aus der Umgebung beobachten am Lagereingang die Vorbereitungen für den Abmarsch.

Es sind die späteren Zeugen Ha... und die Ehefrau Bel.... Sie sehen, daß ein Gefangener Widhalm darum bittet, auf dem Wagen der kranken Wehrmachtsuntersuchungsgefangenen mitfahren zu dürfen, da er gerade aus dem Krankenrevier komme und noch hohes Fieber habe [es ist der Gefangene Ha..., nicht zu verwechseln mit dem Zeugen Ha...]. Widhalm lehnt ab. Ebenfalls abgewiesen wird der Gefangene Motsch, der mit dem gleichen Anliegen an ihn herantritt. [149]

---

[147] Kosthorst/Walter: a.a.O. 1983, S. 2.172 und 2.205.

[148] Ebd. S. 2.172. Anmerkung d. Verf. I. und H.P: Das Gericht geht deshalb von 5 km aus, weil Widhalm dort in dem Verfahren seinen letzten Mord auf dieser Strecke begangen hat, wie es nachfolgend noch beschrieben wird. Die weitere Marschroute ist für das Gericht nicht entscheidungsrelevant.

[149] Kosthorst/Walter: a.a.O. 1983, S. 2.173.

Während Widhalm in die Waffenkammer geht und sich dort noch mit einem Leutnant auseinandersetzt, der ebenfalls Waffen für die Wehrmacht beansprucht, fällt draußen ein Schuß.

Die Ehefrau Bel... wird später aussagen, daß ein „Blauer" einen am Rondell gestürzten Gefangenen [wahrscheinlich Motsch] mit der Pistole auffordert, aufzustehen. Dabei zählt er langsam: „1-2-3". Frau Bel... will sich den Anblick der Tötung ersparen, steigt auf ihr Fahrrad, und hört noch beim Wegfahren den Schuß.

Der „Blaue" ist Euler, der kurze Zeit später Widhalm erzählt, er habe einen Gefangenen am Rondell erschossen. Motsch wird danach auch vom Zeugen Ha..., der dem Treiben wohl noch etwas länger zugesehen hat, nicht wieder gesehen. [150]

Es muß ungefähr der Zeitpunkt gewesen sein, an dem über 1.000 Mitgefangene in Collinghorst auf ihr weiteres Schicksal warten, als die etwa 200 Männer starke, Mitleid erweckende Kolonne sich ebenfalls in Richtung Bockhorst, dann links abbiegend durch das Moor nach Burlage in Bewegung setzt.

Schon sehr bald zieht sich der Zug immer mehr auseinander. Die dienstverpflichteten älteren Wachleute Bo... und von der Pü... bilden den Schluß. Sie erkennen sehr bald, daß 6-7 Gefangene den Marsch nicht durchstehen werden. Bo..., der Landwirt in Burlage ist, handelt sofort. Er bespricht die Situation mit von der Pü... und fährt mit seinem Fahrrad voraus, um ein Fuhrwerk zu beschaffen.

Inzwischen ist ein Gefangener schon 200 Meter hinter von der Pü... zurückgeblieben. Er befindet sich am Anfang des von der Straße nach Bockhorst abbiegenden Moorweges. Von der Pü... sieht aus der Ferne, daß ein Feldwebel der Wehrmacht, der dem Zug ein Stück gefolgt ist, ihn einfach erschießt.

Kurz darauf tauchen auch Widhalm und Euler mit ihrem Motorrad auf. Sie begleiten den Zug wie zwei Todesengel.

---

[150] Kosthorst/Walter: a.a.O: 1983, S. 2.176.

Dreißig Meter hinter von der Pü... halten sie ihr Kraftrad an. Von der Pü... sieht und hört wie Widhalm einen Gefangenen anweist, sich an der Ostseite des Weges an den Grabenrand zu setzen, mit dem Gesäß auf der Böschung und den Füßen im Graben.
Der Gefangene kann nicht sehen, wie Widhalm mit seiner linken Hand die Pistole aus dem Holster zieht. Nach einem Genickschuß kippt der Gefangene in den Graben.
Die Motorradfahrt wird fortgesetzt. Nach einigen hundert Metern erreichen sie den Trupp des Wachmannes Sta....Ein Gefangener wendet sich an Widhalm: „Herr Oberwachtmeister, ich kann nicht mehr". Antwort von Widhalm: „Was, Sie können nicht mehr?". Gleichzeitig mit diesen Worten zieht er wieder die Pistole und schießt den Gefangenen kurzerhand nieder.

Bo... ist mittlerweile erfolgreich gewesen. Er hat in dem Bauern Kü... aus Burlage und einem kriegsgefangenen Franzosen, der bei dem Bauern Br... tätig ist, Mitstreiter gefunden. Mitfühlende und mutige Bürger. Beide stellen ein Fuhrwerk für den Transport der marschunfähigen Gefangenen zur Verfügung. Bo... begleitet auf seinem Fahrrad die Fuhrwerke neben dem Bauern Kü....
Gemeinsam fahren sie dem Gefangenenzug entgegen, um von der Pü... am Ende der Kolonne zu erreichen.
An der Stelle, an der ein Seitenweg in nordwestlicher Richtung zu dem Gehöft des Bauern Wilhelm Janßen führt, fahren Widhalm und Euler mit dem Motorrad an ihnen vorbei.
Kurz darauf fällt wieder ein Schuß. Bo... und Kü... blicken sich um. Widhalm und Euler stehen neben einem erschossenen Gefangenen [Widhalm behauptet später, Euler habe ihn getötet]. [151]
Inzwischen nähert sich die Kolonne dem Gehöft des Bauern Ri....

---

[151] Kosthorst/Walter: a.a.O. 1983, S. 2.173 und 2.174.

Hier wartet der aus Bockhorst stammende Landwirt und Gemeindediener Ortmann mit zwei ergriffenen, geflohenen Gefangenen. Er hatte gehört, daß die Kolonne der kranken Gefangenen durch Burlage kommen soll, und war mit den beiden auf einem Richtweg von Bockhorst herübergekommen.

An der Spitze des Zuges wird Ortmann an Widhalm und Euler verwiesen, die sich auch kurz darauf mit dem Motorrad nähern. Als Ortmann ihnen berichtet, unter welchen Umständen er beide ergriffen hat [die Umstände können später nicht verläßlich geklärt werden], geht Widhalms linke Hand wieder zur Pistole, und er deutet den Gefangenen, mitzukommen.

Gemeinsam mit Euler führen sie die Gefangenen an die Westseite von Ri.s... Schuppen. Sowohl Ortmann als auch zwei weitere anwesende Landwirte Ri... und Ti... hören bald darauf zwei unmittelbar aufeinanderfallende Schüsse. Widhalm und Euler verlassen nach den letzten (?) Morden an diesem Tag auf dem Motorrad den Gefangenenzug.

Ri... und Ti... finden die beiden Gefangenen etwa 30-40 Meter nördlich des Schuppens. Sie liegen mit dem Gesicht im Gras, getötet durch Genickschuß.

Bedauerlicher Weise enden hier die Aufzeichnungen. Deshalb ist nicht bekannt, wie viele Kranke auf den Fuhrwerken befördert werden konnten, und wann der Zug das Lager II Aschendorfermoor erreichte. Sechs unbekannte, sinnlos ermordete Gefangene waren jedenfalls nicht mehr dabei.

Widhalm, der eigentlich gemeinsam mit Euler den Auftrag hatte, entflohene Gefangene zu suchen, kehrt nach dieser „Begleitung aus Zweckmäßigkeitsgründen" nach einem Umweg zu seiner Familie über Westrhauderfehn erst am späten Abend des 10.4.1945 in das Lager II Aschendorfermoor zurück. [152]

Auch das Gericht in Oldenburg ist 1950 geschockt darüber, wie ein Mensch solch einen Haß auf die Gefangenen haben kann,

---

[152] Kosthorst/Walter: a.a.O. 1983, S. 2.173 und 2.174.

daß er nicht das geringste Gefühl des Erbarmens oder Mitleids mehr aufbringt. [153]

Das Gericht verkennt bei dieser Beurteilung aber offensichtlich, daß die Gefangenen, der nationalsozialistischen Zeit entsprechend, bei sehr vielen Beteiligten eben nur „**Pattjacken**" waren.

Aber welches Schicksal erlitt **Albert Sommer** zu diesem Zeitpunkt? Wir wissen es leider nicht, aber möchten uns auch nicht vorstellen, daß er bei all den Märschen eines dieser unseligen Opfer geworden ist, die so grausam gequält oder so gefühllos erschossen wurden.

Es fällt uns immer schwerer weiterzuschreiben, aber der Gedanke, einem von vielen Opfern ein Gesicht zu geben, läßt uns nicht los.

---

[153] Ebd. S. 2.180.

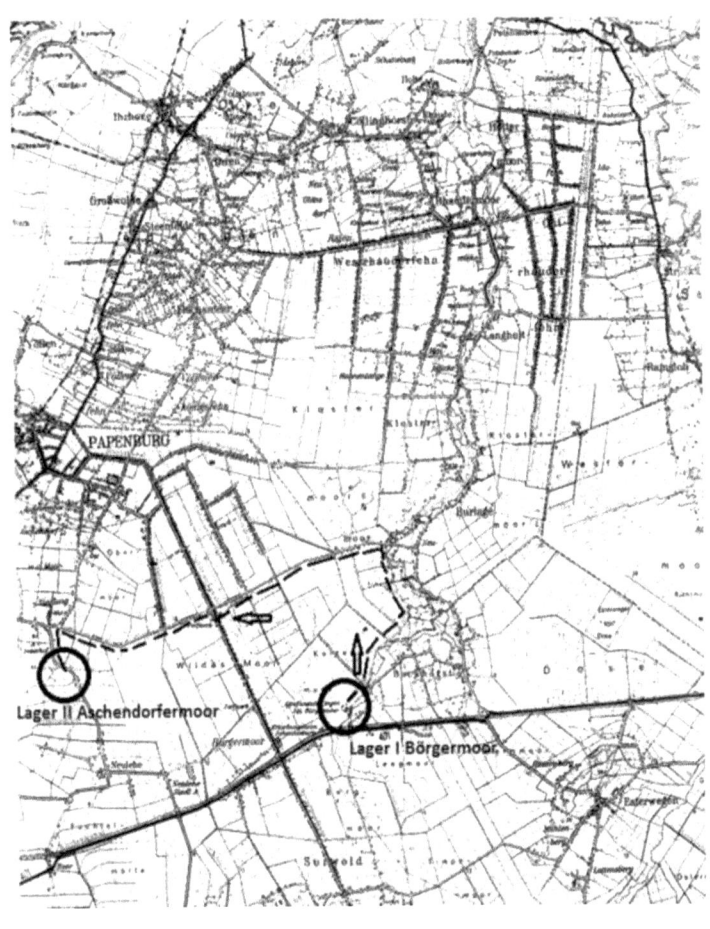

Abb. 59: Todesmarsch der „Krücken"
am 10.4.1945
von Lager I Börgermoor nach
Lager II Aschendorfermoor [154]

---

[154] Ausschnitt aus der topographischen Karte C 3110 Papenburg, a.a.O. 1969
© 2013 ⌖LGLN. Der Ausschnitt ist nicht maßstabsgerecht. Bearbeitung durch
Autor H.P.

HEROLD, der Feind kommt von Süden

Für die beiden folgenden Kapitel sind ein paar Vorbemerkungen unerläßlich. In einer Dokumentation können nur tatsachenrelevante Ereignisse zu einem möglichst wahrheitsgemäßen und objektiven Ergebnis führen. Genau hier beginnen aber die Schwierigkeiten, aus dem Lügengespinst aller Beteiligten „Dichtung" und „Wahrheit" voneinander zu trennen.

Als Fundstellen dienen Vernehmungen, Zeugenaussagen, Kreuzverhöre, gerichtliche Ermittlungen, Urteile und Urteilsbegründungen aus verschiedenen Zeiträumen. [155] Die Darstellungen aus dem zitierten Buch von Pantcheff [156] werden nur dann hilfsweise herangezogen, wenn anzunehmen ist, daß sie wörtlich aus seinen Quellen wiedergegeben wurden oder im Einklang mit den offiziellen Fundstellen stehen. Die von ihm zur bildhaften Darstellung seines Werkes häufig benutzten wörtlichen Gespräche zwischen einzelnen Personen bleiben aus diesem Grunde möglichst unberücksichtigt.

Es ist Ende März 1945. An der holländischen Grenze toben schwere Kämpfe zwischen der deutschen Wehrmacht und den Alliierten.

Zu den deutschen Kampfverbänden gehört auch das Fallschirmjägerbataillon Gramse, auch in Kurzform Kampfgruppe Gramse genannt, das wahrscheinlich zu diesem Zeitpunkt der 6. Fallschirmjäger-Division unterstellt ist. Einer von ihnen ist der Gefreite Willi Herold.

Wer ist Willi Herold?

---

[155] Kosthorst/ Walter: a.a.O. 1983, S. 3.135 ff, 3.157ff, 3.172 ff. 3.226 ff.
Anmerkung d. Verf. I. und H.P: Diese Fundstellen gelten, mit Ausnahme der Vorbemerkungen, für das gesamte Kapitel. Auf Einzelhinweise wird aus Übersichtsgründen verzichtet.
[156] A.a.O. 1995: Der Henker vom Emsland

Geboren wird er am 11.9.1925 in Lunzenau bei Chemnitz. Sein Vater ist von Beruf Dachdecker, und er wächst in einer bürgerlichen Familie in auskömmlichen finanziellen Verhältnissen auf. Für das nationalsozialistische System kann er sich zwar anfangs als Kind wegen der Großfahrten und verschiedener Begünstigungen begeistern, wird dann aber 1936 aus dem Jungvolk ausgeschlossen, weil er lieber „rote Indianer" spielen möchte, was seinerzeit natürlich verboten ist.

Nach dem Besuch der Volkschule geht er von 1940-1943 in die Schornsteinfegerlehre, und schließt dann die Ausbildung mit der Gesellenprüfung ab. [157]

In seinem Beruf als Schornsteinfeger ist er nur drei Monate tätig. Von Juni bis September 1943 muß er Reichsarbeitsdienst am Atlantikwall in Frankreich leisten, und drei Wochen nach seinem 18. Geburtstag erhält er den Einberufungsbefehl zur Grundausbildung als Fallschirmjäger nach Tangermünde. Bereits Anfang 1944 kommt er an die Front in das Kampfgebiet bei Monte Cassino und Nettuno in Italien. Eine der längsten und verlustreichsten Schlachten. Geführt von den Eliteeinheiten der Fallschirmjäger, denen die Alliierten wegen der eigenen, schweren Verluste später den Namen „Die grünen Teufel von Monte Cassino" geben werden.

Dort wird Willi Herold zum Gefreiten befördert. Wegen der Zerstörung von zwei britischen Tanks vom Sherman- und Chieftyp am Strand von Salerno und dem Einsatz bei Nahkämpfen erhält er [wenn man seinen leider ungeprüften Aussagen glaubt] das Eiserne Kreuz II. und I. Klasse, die silberne Nahkampfspange,

---

[157] Anmerkung d. Verf. I. u. H.P: In der Literatur wird Herold immer wieder als Schornsteinfegerlehrling bezeichnet. Er hat aber eindeutig die Gesellenprüfung abgelegt. Die falsche Berufsangabe ist wohl dem Umstand geschuldet, daß dem englischen Gericht der deutsche Berufsausbildungsweg fremd war. Siehe hierzu insbesondere Kosthorst/Walter: a.a.O. 1983, S. 3.135.

das silberne Verwundetenabzeichen, das Abzeichen für Fallschirmspringer und das Infanteriesturmabzeichen.

Bis hierher liest sich dieser Lebenslauf wie der vieler Soldaten im Zweiten Weltkrieg.

Aber wir fragen uns immer wieder: „Wo liegt der Schlüssel für seine noch folgenden unmenschlichen Handlungen?"

War es das junge Alter von 18 Jahren, in dem Willi Herold mit allen Facetten des Krieges konfrontiert wurde? War es sein jugendliches Draufgängertum? War es der Drill zum unbarmherzigen Kampf, der ihm das Gefühl der Menschlichkeit nahm? Fragen, auf die es keine Antworten geben wird.

Abb. 60: Willi Herold im Alter von 18 Jahren [158]

[158] Archiv Paul Meyer, Freiburg.

Abb. 61: Willi Herold 1946 auf der Anklagebank,
zu diesem Zeitpunkt 20 Jahre alt. [159]

Anfang 1945 wird seine Einheit an den westlichen Kriegsschau-
platz verlegt.
Bei den Rückzugsgefechten in der Endphase des Krieges kommt
es häufig vor, daß Soldaten von ihrem Verband getrennt werden.
Dieses Schicksal ereilt Ende März 1945 auch Willi Herold. Gibt
es keine Möglichkeit, die eigene Einheit wieder zu erreichen, wer-

---

[159] Archiv Paul Meyer, Freiburg.

den sie einfach anderen Heeresteilen oder Kampfgruppen zugewiesen.

Auf der Suche nach der 6. Fallschirmjägerdivision findet der Gefreite Herold auf dem Weg zwischen Gronau und Bentheim im Straßengraben ein zerschossenes Militärfahrzeug mit allerlei Kisten und Koffern.

Beim Durchstöbern entdeckt er auch die Uniform eines Hauptmanns der Luftwaffe. Ohne auch nur einen Moment zu zögern, wechselt er die Kleidung. Sein Soldbuch behält er, die Orden werden umgesteckt und aus dem Gefreiten ist „Hauptmann Herold" geworden. Es stört ihn auch nicht, daß auf dem linken Ärmel seiner neuen Uniform das weiße, goldbestickte Kreta-Band und das silberfarbene Narvik-Schild aufgenäht sind.

Sein Weg führt ihn weiter entlang der holländischen Grenze Richtung Bentheim.

Die erste Bewährungsprobe als „Hauptmann" läßt nicht lange auf sich warten, als er in einem Haus von einem Oberjäger [Unteroffizier] und einem Obergefreiten der Fallschirmjäger überrascht wird. Beide sind, wahrscheinlich wie Herold selbst, auf der Suche nach Fahrrädern, um schneller und bequemer ihre Einheiten wiederzufinden.

Trotz des unerwarteten Aufeinandertreffens beherrsch Herold seine Rolle als „Hauptmann" schon perfekt. Nachdem er die beiden Soldaten zunächst wegen einer nicht genügenden Ehrenbezeigung sogar zurechtweist, läßt er sich auch noch deren Soldbücher zeigen und erwähnt nebenbei, daß er selbst von der 6. Fallschirmjäger – Division ist. Vor dem „Wegtreten" fordert er beide auf, sich schleunigst zu ihrem Regiment zurückzubegeben.

Ihm muß spätestens jetzt klargeworden sein, daß ein Hauptmann ohne Soldaten bei den Kontrollen der Heeresstreifen zu auffällig ist, und so gibt er den beiden noch mit auf den Weg, er werde sie als Ersatz für seine Einheit vereinnahmen, falls er sie noch einmal antreffe.

Das ist die erste Begegnung zwischen „Hauptmann" Herold und dem Obergefreiten Reinhard Freitag, der von einem Sachverständigen später im Prozeß folgendermaßen beurteilt wird:

> „*[Freitag ist]... ein außerordentlich primitiver Mensch, dessen Intelligenz an der unteren Grenze der Norm liegt, der von Jugend an niemals an selbständiges Handeln herangeführt und beim Militär immer nur Befehlsempfänger und „sturer" Befehlsträger gewesen war.*"[160]

Hierbei darf aber nicht verschwiegen werden, daß Freitag eine große Fronterfahrung besitzt, angeblich 16 Tanks abgeschossen hat, fünfmal verwundet wird und ausgezeichnet ist mit dem EK II, dem Infanteriesturmabzeichen, der Nahkampfspange und dem silbernen Verwundetenabzeichen. Ein 22-jähriger Soldat, dem in diesem Krieg nichts fremd geblieben ist.

Er kann nicht ahnen, daß er schon sehr bald zum willigsten und bedingungslosesten Handlanger der Greueltaten des „Hauptmanns" Herold werden wird.

Bereits am nächsten Tag, es ist Ostersonntag, der 1. April 1945, treffen Freytag und sein Begleiter den „Hauptmann" an einer Straßenkreuzung mit dem Wegweiser: „Nach Münster 50 km" wieder. [Es handelt sich hierbei wahrscheinlich um den Ort Ochtrup]. Herold unterhält sich mit einem Major der Heeresstreife, der in einem Haus an dieser Kreuzung seine Dienststelle eingerichtet hat und die versprengten Soldaten kontrolliert.

Während Freitag und der Oberjäger gerade die Dienststelle des Majors zum Verpflegungsempfang betreten, hört Freitag Teile des Gespräches. Herold schildert dem Major, daß er mit 25 Jahren der jüngste deutsche Hauptmann sei, unter General Student in Kreta zum Einsatz kam, und bei Nymwegen gekämpft habe

---

[160] Kosthorst/Walter: a.a.O. 1983, S. 3.095.

[eine wohl erforderliche Begründung für das Kreta-Band und das Narvik-Schild auf seinem linken Ärmel].

Irgendwie überzeugt Herold auch während der Unterhaltung den Major davon, daß „seine" versprengte Truppe wieder aufgefüllt werden muß. Vielleicht ist der Streifenmajor in Sonntagslaune, als er seiner Bitte nachkommt. Mit der Bemerkung, ihm einen Aprilscherz bereiten zu wollen, unterstellt er Freitag und vier weitere versprengte Soldaten dem „Hauptmann" Herold. Ordnungsgemäß wird sogar in den Soldbüchern der Soldaten die „Einheit Herold" als neuer Truppenteil eingetragen.

Freitag kann sich im späteren Prozeß gegen ihn deshalb so genau an diesen Tag erinnern, weil er mit anderen dem Major Schnaps entwendet hatte, der im Garten seines Hauses vergraben war.

Am nächsten Morgen setzt sich Herold mit „seiner" Einheit zu Fuß ab. Kurz danach besorgt er für sich und seine Soldaten Fahrräder, um auf dem Weg nach Lingen schneller voranzukommen.

Noch vor Lingen stoßen sie auf einen Trupp versprengter Fallschirmjäger, die einen Lastkraftwagen mit sich führen, der früher als Verpflegungswagen diente. Herold gliedert Soldaten und Material in „seine" Einheit ein.

Heeresstreifen kontrollieren alle wichtigen Knotenpunkte und Orte. In Lingen werden Herold und seine Leute von einem Feldwebel der Heeresstreife aufgefordert, sich zu identifizieren. Herold kann natürlich nicht sein „Gefreiten"-Soldbuch vorzeigen, aber er hat sich eine erfolgreiche Ablenkungstaktik einfallen lassen. Während seine Soldaten sich ausweisen, teilweise mit dem offiziellen Eintrag „Einheit Herold", verwickelt er den Feldwebel in ein militärisches Gespräch mit der Frage nach dem Standort der 6. Fallschirmjäger-Division. Er erhält zwar keine befriedigende Antwort, aber die Kontrolle ist erfolgreich, und so zieht er mit seinem inzwischen auf 30 Soldaten angewachsenen Trupp weiter zur 19 km entfernten Kreisstadt Meppen.

Herold hält die militärischen Vorschriften peinlich genau ein. So auch in Meppen. Zunächst spricht er bei dem Kreisleiter der

NSDAP [Josef Egert] vor, und meldet sich dann beim Stadt-kommandanten, einem Oberstleutnant. Immer in Begleitung sei-nes Gefreiten Freitag, ein guter „Alibi-Soldat" mit dem Eintrag des Truppenteils „Einheit Herold". Auch hier wird die Anmel-dung problemlos akzeptiert.

Herold stellt wieder die obligatorische Frage nach dem Gefechts-stand der 6. Fallschirmjäger-Division.

Der Oberstleutnant kann es ihm nicht sagen, ist aber sehr erfreut darüber, daß Herold ihm anbietet, mit seiner „ganzen Artillerie-Batterie" und einer „15-cm Haubitze" [die beide nicht existieren, und wobei Herold noch nicht einmal weiß, ob es überhaupt eine 15 cm-Haubitze gibt] Meppen zu verteidigen. Er bietet Herold daraufhin sogar noch die unter seinem Kampfkommando ste-henden Soldaten für Späh- und Stoßtruppunternehmen an. An-schließend quartiert er Herold und seine Soldaten ein, läßt sie Verpflegung empfangen und sorgt für Benzin.

Wie wichtig die Bekanntschaft mit dem Oberstleutnant für He-rold ist, wird sich einige Tage später zeigen.

Zwei oder drei Tage hält sich die Truppe in Meppen auf, dann zieht Herolds Stammeinheit weiter nach Haren. Während er dort im Quartier liegt, läßt ein Pionierhauptmann durch Soldaten einer Flakeinheit Herolds Leute entwaffnen und festnehmen. Er hat die Vermutung, daß es sich um feindliche Soldaten in deutschen Uniformen handelt.

Natürlich hat Herold auch diese Situation im Griff. Er beschwert sich bei dem Pionierhauptmann, und nachdem einige Soldaten ihre Soldbücher zeigen, ist dieser überzeugt, daß er sich wohl doch geirrt hat. Er befiehlt sofort die Freilassung.

Inzwischen greifen die Alliierten verstärkt Meppen an. Um den 6./7.4.1945 setzt Herold sich mit dem Kampfkommandanten, den Oberstleutnant in Meppen, telefonisch in Verbindung. Da-nach befiehlt er zweimal ein Spähtruppunternehmen mit Feind-berührung nach Meppen, an dem er auch persönlich teilnimmt. Bei dem Rückzug läßt er noch eine Kanalbrücke sprengen.

Die Auswirkungen dieser Spähtruppunternehmen sind nicht bekannt. Meppen wird am 8. April 1945 von den Alliierten eingenommen.

Der Lastkraftwagen ist in Haren unbrauchbar geworden. Herold setzt sich mit der entsprechenden NSDAP-Parteidienststelle und einer Militäreinheit in Verbindung. Ihm werden ein Dreieinhalbtonner-Lastkraftwagen und standesgemäß ein Personenwagen zugewiesen. Außerdem gelingt es Herold noch, daß ein anwesender Marineoffizier ihm eine 2 cm-Flugabwehrkanone (Flak) mit entsprechender Munition von einem Kanalschiff überläßt, das ohnehin versenkt werden soll. Die Flak wird vor Ort gleich auf den LKW fest montiert.

Die „Einheit Herold" ist aufgerüstet. Herold hat einen eigenen PKW und von jetzt an auch seinen persönlichen Fahrer: Willi Bierschinski.

Auf der Weiterfahrt nach Lathen bittet der Feldwebel Heinz Hoffmeister, ebenfalls ein Fallschirmjäger, in Herolds Einheit aufgenommen zu werden. Der begleitende Streifenoffizier, ein Leutnant, ist damit einverstanden. Er unterstellt ohne eine weitere Kontrolle Hoffmeister und einige andere versprengte Soldaten Herolds Kommando. Da Hoffmeister als einziger in der Lage ist, die 2 cm-Flak zu bedienen, weil er eine entsprechende Ausbildung hat, setzt Herold ihn sofort als Geschützführer ein.

In Lathen wird wieder Quartier bezogen. Freitag immer an der Seite „seines" Hauptmanns. Er ist sogar im gleichen Haus untergebracht.

Auch hier nimmt Herold Verbindung mit der dort eingesetzten Einheit auf, und er setzt mit seinen Leuten in deren Kampfabschnitt die 2 cm-Kanone ein. Als feindliche Spitzen in Lathen eindringen, befiehlt er nach den Kämpfen und eigenen Verlusten in seiner Truppe den Weitermarsch Richtung Aschendorf.

Auf dem weiteren Rückzug [wahrscheinlich über Dörpen] begibt er sich mit Freitag und einem anderen Soldaten zu einem Regimentsgefechtsstand einer Marinetruppe, die am Küstenkanal in

176

Richtung Papenburg an der neuen HKL [Hauptkampflinie] Stellung bezogen hat.

Hier scheint sich das Ende der „Einheit Herold" anzubahnen. Ein höherer Marineoffizier verlangt die Soldbücher, und während sich die beiden Soldaten ausweisen, behauptet Herold wieder, sein Soldbuch nicht bei sich zu haben.

Der Marineoffizier ist nicht zu überzeugen, er ruft bei der Heeresstreife an.

Wieder kommt Herold der Zufall zu Hilfe. Als nämlich kurz darauf ein Hauptmann und ein Oberstleutnant eintreffen, identifiziert der Oberstleutnant ihn sofort als Hauptmann Herold von der 6. Fallschirmjäger-Division. Es ist wohl der ehemalige Kampfkommandant von Meppen, in dessen Auftrag Herold mit seiner Einheit und den Soldaten des Oberstleutnants zwei Spähtruppunternehmen durchgeführt hatte.

Während Freitag und der andere Soldat warten, gehen die Streifenoffiziere mit Herold zur Feldgendarmerie. Sie rauchen zusammen und führen ein längeres Gespräch.

Als Herold zu seinem Trupp zurückkommt, der bei der Flak versammelt ist, stellt er aus weiteren aufgegriffenen Soldaten eine Kampftruppe von etwa 80 Mann zusammen und befiehlt, trotz einiger Einwendungen von Marineoffizieren, einen Angriff auf das inzwischen von den Alliierten eingenommene Lathen.

Der Angriff bleibt 150 m vor Lathen wegen heftiger Gegenwehr stecken. Herold erkennt die Zwecklosigkeit seines Unternehmens löst sich vom Feind und befiehlt den Rückzug.

Während sich die Marinesoldaten wieder dem Regiment anschließen, versammelt er seine 12 Soldaten zählende Stammmannschaft in einem Waldstück und fährt mit ihnen weiter Richtung Papenburg.

Als Herold später im englischen Kriegsgerichtsverfahren gefragt wird, warum er die Uniform angezogen hatte, um als Hauptmann aufzutreten, antwortet er:

„Ich wollte eine Kampfgruppe bilden und dem Vorrücken der britischen Truppen Einhalt gebieten, womit ich auch Erfolg hatte."

Als ihm vorgehalten wird, daß er doch auch als Gefreiter an den Gefechten hätte teilnehmen können, wird sein Gedankengang noch deutlicher:

„Als Gefreiter konnte ich keine Leute befehligen.
... Die Lage war damals folgende. Damals flohen die deutschen Truppen nicht vor den britischen Truppen, aber sie flohen in Unordnung vor Kampf- und Tieffliegern, und damals hatte ich das Glück, einen Soldaten namens Freytag zu finden, der 16 Tanks in der Normandie zerstört hatte und ferner hatte ich andere Leute, die vor nichts bange waren. Mit diesen Leuten war ich imstande, Unternehmungen durchzuführen, wenn diese auch nicht den Gang des Krieges beeinflußten, so hielten sie den Feind doch auf."

An dieser Stelle ist eine kurze Zwischenbilanz zu ziehen.
Es ist aus der Sicht des englischen Kriegsgerichtes durchaus nachvollziehbar, wenn es Herold im weiteren Verfahren als Deserteur und Feigling, der sich vor dem Fronteinsatz habe drücken wollen, abstempeln möchte.

Diese Attribute sind aber weder zu diesem Zeitpunkt noch bei den späteren grausamen Untaten im Lager II Aschendorfermoor, die er immer wieder mit militärischen Stoßtruppunternehmen unterbricht, weder rechtlich noch tatsächlich zu erkennen. [161]

---

[161] Zu diesem Ergebnis der Verfasser vergleiche auch speziell Kosthorst/Walter: a.a.O. 1983, S. 3.092.

Wie zutreffend Herolds Aussage ist, daß er einen Soldaten Freitag und andere Leute in seiner Stammannschaft hat, die „vor nichts bange waren", soll sich in den nächsten Tagen auf unmenschliche und kaum beschreibbare, grausame Art und Weise bestätigen.

Abb. 62

Die Massaker im Lager II Aschendorfermoor [162]

Ankunft in Papenburg

Es ist Mittwoch, der 11.April 1945, als Herold mit seiner Stammbesatzung in Papenburg eintrifft.

Er sitzt im PKW neben seinem Fahrer Willi Bierschinski, im Fond Feldwebel Hoffmeister, Obergefreiter Freitag und Gefreiter Kipinski.[163] Acht weitere Soldaten hocken im und auf dem 3,5t LKW, der mit dem 400 kg schweren 2cm Flakgeschütz bestückt ist. Alle sind mit Handfeuerwaffen ausgerüstet, Karabiner 98k, Pistolen, die Fallschirmjäger unter ihnen mit den zur Standardausrüstung gehörenden Sturmgewehren, Stielhandgranaten und den so typischen Stahlhelmen ohne „Krempelrand".

In Papenburg ist zu dieser Zeit die 21. Fallschirmjäger-Division [Division Gericke] stationiert.

Das bisherige Tarnmanöver hat sich bewährt, und so meldet sich Herold sofort bei dieser militärischen Einheit. Sein Gesprächspartner ist Hauptmann Kathim, der Herold sofort akzeptiert und keine Legitimationsprüfung durchführt.

Man unterhält sich über militärische Angelegenheiten. Herold erhält Informationen über die Positionen der Gefechtsstände, und Kathim bittet ihn, mit seiner Kampfgruppe den Kanal südlich von Aschendorfermoor zu verteidigen. Kurz darauf setzt sich Herolds Truppe zum 20 km entfernten Ort Surwold in Bewegung.

---

[162] Kosthorst/Walter: a.a.O. 1983, S. 3.099-3.104, 3.110-3.267. Anmerkung d. Verf. I. u. H.P: Die Fundstellen gelten für das gesamte Kapitel. Auch hier wird aus Übersichtsgründen auf Einzelnachweise verzichtet. Zusätzliche Fundstellen werden gesondert ausgewiesen.
[163] Pantcheff: a.a.O. 1995, S. 25.

Dort befindet sich auf dem Hof des Bauern Budde, langjährigem NSDAP-Mitglied und Ortsgruppenleiter, ein Bunker mit einem Kompaniegefechtsstand unter der Leitung eines Oberleutnants.

Besuch bei Ortsgruppenleiter Budde

Budde ist ein guter Gastgeber. Er bittet Herold, Freitag und weitere Soldaten seines Trupps in sein Haus und bewirtet sie. Die Gespräche drehen sich um die Beschaffung von Benzin für die Fahrzeuge und um die allgemeine militärische Lage.

Irgendwann kommt Budde zu seinem Lieblingsthema, daß er auch schon mit dem Oberleutnant erörtert hat. Er erwähnt die Emslandlager, in denen doch noch eine erhebliche Anzahl kräftiger und brauchbarer Männer herumsäßen, während draußen die Front verblute. Viele von ihnen hätten doch nicht so schwere Straftaten begangen, daß man sie angesichts der Feindlage noch länger festhalten müsse. Und jetzt käme auch noch hinzu, daß gestern auf dem Marsch nach Collinghorst einige Gefangene entflohen seien, und laufend Beschwerden der Bevölkerung wegen Bettelns und Plünderns bei ihm eingingen.

Herolds Neugier ist geweckt. Als er dann auch noch erfährt, daß in den Lagern unter Umständen auch Benzin zu bekommen ist, möchte er unbedingt solch ein Strafgefangenenlager sehen. Budde erklärt sich bereit, Herold zum Lager II Aschendorfermoor zu bringen, zumal er dort ohnehin noch Ausrüstungsstücke für den Volkssturm zu empfangen hat.

Ankunft im Lager II Aschendorfermoor

Gegen 11.30 Uhr erreicht der Trupp das Lager II Aschendorfermoor. Ordnungsgemäß melden sie sich bei der Lagerwache an, und Budde bittet darum, mit seinem guten Bekannten, dem Einheitsführer, Ortsgruppenleiter des Lagers II und (wir erinnern uns noch?) Leiter des Musikzuges Karl Schütte zu sprechen. Der Posten gewährt Einlaß und führt sie zu Schüttes Dienstzimmer. Nach einer kurzen Unterhaltung, dessen Inhalt leider nicht bekannt ist, verabschiedet sich Budde.

Schütte trägt zwar an diesem Tage seinen Arm in der Schlinge, was ihn aber nicht daran hindert, von nun an seinen Taktstock zu schwingen und die folgenden Ereignisse erfolgreich zu dirigieren, wie bei einem Musikstück oder Konzert.

Irgendwie scheint ihm dieser junge „Hauptmann" Herold der Schlüssel für die Lösung aller Probleme mit den Gefangenen zu sein.

Während er einen Wachmann zu dem Lagervorsteher Hansen schickt, um ihn über die Anwesenheit des „Hauptmanns" zu informieren, schlendert er mit Herold, Freitag und einigen anderen Soldaten „vor Draht" (außen) um das gesamte Lager.

Zu einer Besichtigung gehört natürlich auch Hintergrundinformation über die Gefangenen und über die derzeitige Situation.

So erfährt Herold, daß die Insassen aller sechs Lager wegen der heranrückenden Front im Lager II Aschendorfermoor zusammengefaßt werden mußten, und daß es sich ausschließlich um verurteilte, ehemalige Soldaten handelt.

Weiter erfährt er, daß gestern vom Lager I Börgermoor rund 1000 Gefangene nach Leer marschieren sollten, aber nur bis Collinghorst kamen, jetzt gerade auf dem Weg ins Lager II seien, und noch heute Abend eintreffen würden. Unter ihnen eine etwa 400 Mann starke Gruppe regimefeindlicher Männer (Wehrkraftzersetzer usw.), die dem Feind nicht in die Hände fallen dürften.

Schütte erzählt von flüchtigen Gefangenen, den Klagen der Bevölkerung und den 30 inzwischen wieder eingelieferten Entwichenen, mit denen man bestrafungsmäßig nicht so recht weiterkomme.

Der Lagervorsteher habe sie wie alle bisherigen flüchtigen Häftlinge mit Arrest bestrafen wollen, aber es sei ihm von der Zentralverwaltung in Papenburg gesagt worden, daß er keine Vernehmungen mit den entsprechenden Protokollen durchzuführen brauche, da man eine Aburteilung durch ein Standgericht anstrebe. Auf das Eintreffen des Standgerichtes werde jetzt gewartet. Zur Bekräftigung seiner Worte und wohl auch, um die Minderwertigkeit der Gefangenen besonders zu unterstreichen, wiederholt er gebetsmühlenartig seine Meinung, daß es das Beste sei, die Gefangenen einfach so umzulegen.

Bekommt Herold das Gefühl, daß man von ihm als „Hauptmann" tatkräftiges Handeln erwartet, als er plötzlich antwortet: *"Ich will sehen, ob ich es machen kann."*
Inzwischen ist die Gruppe am Eingangstor der Drahtumzäunung des Lagers angekommen.
Ohne die zwingend vorgeschriebene Genehmigung einzuholen, öffnet Schütte für seine Besucher das Tor zum Gefangenenbereich „hinter Draht", den zweiten Stacheldrahtzaun, der die Arrestbaracke umgibt, und läßt die etwa 30 wieder eingebrachten Gefangenen draußen antreten.
Der Wachmann kommt mit der Meldung zurück, daß er den Lagervorsteher Hansen nicht gefunden habe, und Schütte begibt sich selbst auf die Suche.
Er findet Hansen beim Mittagsschlaf und informiert ihn darüber, daß ein Hauptmann die Gefangenen sehen möchte. Der als korrekt und erfahren beschriebene Lagervorsteher fragt natürlich sofort nach den entsprechenden Vollmachten, und ob es sich um einen erwarteten Offizier des Standgerichtes handelt. Schütte bejaht beide Fragen und fügt noch hinzu: *„Der Hauptmann besitzt höchste Vollmachten, sogar vom Führer."*
Hansen wundert sich, daß er niemanden vor seiner Unterkunft antrifft. Bei einem Blick zum Strafgefangenenlager „hinter Draht" entdeckt er in etwa 70 Meter Entfernung bei der Arrestbaracke einige Soldaten.

Morde an der Arrestbaracke

Bei seiner Annäherung an die Gruppe wird die Szenerie klarer. An der Längsseite der 23,40 m langen und 9,80 m breiten Barakke, zwischen einer Reihe von Blumenbeeten und der Barackenwand sind die etwa 30 wiederaufgegriffenen Gefangenen angetreten. Vor ihnen steht ein Hauptmann, und etwas schräg rechts von den Gefangenen befinden sich die Soldaten seines Trupps. Einige Gefangene hocken in Kniebeuge vor dem Hauptmann. Als einer von ihnen bei dieser unbequemen Haltung das Gleichgewicht verliert und strauchelnd vornüber fällt, brüllt der Hauptmann: *„Freitag, der Mann greift mich an!"*
Ein Wink des Offiziers genügt, sofort löst sich ein kleiner, schmächtiger Obergefreiter aus der Gruppe und führt den Gefangenen an die Südseite der Baracke, dort, wo sich zwischen der Arrestbaracke und dem äußeren Lagerzaun auch noch der Kartoffellagerraum befindet.
Hansen kommt diese Maßnahme verdächtig vor. Er will sehen, was mit dem Gefangenen geschieht und wählt deshalb den Weg um die Ostseite der Baracke. Als er die Südseite übersehen kann, stockt sein Atem.
Freitag steht mit dem Sturmgewehr unter dem Arm vor der Leiche eines Gefangenen, auf dem Rücken liegend, mit dem Kopf nach Westen. Blut rinnt noch aus einer kleinen Wunde an der Stirn. Vier weitere Leichen liegen in der Nähe des Drahtzaunes, ebenfalls erschossene Gefangene.
Hansen reagiert bestürzt und empört. Er läuft sofort zu Herold und fragt ihn nun selbst nach den Vollmachten für seine Handlungen. Eine schriftliche Vollmacht oder das Soldbuch bekommt er natürlich nicht zu sehen, dafür hört er aber jetzt persönlich den Satz von Herold: *„Ich habe höchste Vollmachten unmittelbar vom Führer."*
Hansen macht ihm klar, daß die Vorgehensweise jedem Rechtsempfinden widerspreche, und daß er seine Tätigkeit einstellen

möge, bis er, Hansen, weitere Anweisungen von der Kommandantur in Papenburg entgegengenommen habe.

Es ist ungefähr 13.00 Uhr, als Herold von den Gefangenen abläßt, auch seine Soldaten Verhalten sich passiv.

Mit diesen brutalen, kaltblütigen Morden geriet Herold in eine Spirale der Gewalt, aus der es nun kein Entrinnen mehr gab.

Für Hansen ist sofortiges Handeln geboten, noch verstärkt durch Herolds Ultimatum, die Hinrichtungen fortzusetzen, falls er bis 17.00 Uhr keine anderen Befehle erhält. Hansen eilt sofort mit Herold und Schütte in sein Dienstzimmer, um sich mit dem Präsidenten Dr. Thiel in der Zentralverwaltung in Verbindung zu setzen.

Gerichte, Partei, Gestapo

Die jetzt folgenden, sich überschlagenden Ereignisse müssen aus Übersichtsgründen in chronologischer Form aus den Aussagen der direkt beteiligten Personen, der Zeugen und der Feststellungen der Gerichte wiedergegeben werden.

Gegen 13.00 Uhr   Hansen versucht in Anwesenheit von Herold und Schütte den Präsidenten Dr. Thiel als Leiter der Kommandantur in Papenburg zu erreichen.
Wegen der Mittagszeit wird das Gespräch von dem Justizsekretär Fau... entgegengenommen, der verspricht, sich sofort auf die Suche zu begeben. Nach längerer Zeit gelingt es Fau..., Dr. Ottinger, den Vertreter Dr. Thiels, zu informieren.

Gegen 13.15 Uhr   Dr. Ottinger setzt sich telefonisch mit Hansen in Verbindung und erfährt, daß von einem „Hauptmann" Herold ohne weiteres Verfahren Erschießungen von Gefangenen durchgeführt würden, und daß bereits fünf Gefangene erschossen worden seien.

Gegen 14.00 Uhr	Dr. Thiel ist inzwischen von seinem Vertreter informiert worden. Er ruft sofort den Lagervorsteher Hansen im Lager II an und trägt ihm auf, dem Hauptmann weitere Erschießungen zu untersagen. Er selbst werde unverzüglich zum Lager herauskommen.

Herold läßt die Dinge nicht auf sich zukommen. Seine Devise scheint zu sein: „Angriff ist die beste Verteidigung". Um zu beweisen, wer hier der Herr des Verfahrens ist, läßt er sich unmittelbar nach dem Telefongespräch von seinem Fahrer Bierschinski mit Freitag und Hoffmeister nach Papenburg fahren.

Gegen 14.15 Uhr	Dr. Thiel will seine rechtliche Auffassung zu den Erschießungen und dem weiteren Verfahren gegen diejenigen Gefangenen, die versucht hatten zu fliehen, absichern. Er führt ein längeres Gespräch mit dem Generalstaatsanwalt Christians [keine NSDAP-Instanz] in Oldenburg, der ihm zustimmt, daß es nicht möglich ist, in dieser Weise fortzufahren. Beide sind der Meinung, gegen die Gefangenen gerichtlich vorzugehen. Dr. Thiel schlägt die Einberufung eines Stand- oder Sondergerichtes vor. Christians pflichtet ihm bei und verspricht, die notwendigen Schritte einzuleiten.

Aus einer späteren Aussage im Prozeß werden die Gedankengänge von Dr. Thiel deutlicher:

> „Ich war der Meinung, daß unter den gegebenen Umständen, wo die Front nur noch wenige Kilometer entfernt war, die Zivilbevölkerung unbedingt geschützt und ihre Moral aufrechterhalten werden mußte, was nur durch strenge und gerechte Bestrafung der Schuldigen zu erreichen war. Bei der Suche nach einer gesetzlichen Handhabe erinnerte ich mich an eine Verordnung, die direkt von Hitler stammte, wonach in Zeiten des nationalen Notstandes ein Reichsverteidigungskommissar ermächtigt war, Standgerichte zu bilden, vor die auch Zivilisten gestellt werde konnten. Ein Standgericht setzt sich zusammen aus einem Strafrichter, einem Offizier der Wehrmacht oder der Polizei und einem Parteimitglied; als Anklagevertreter tritt ein Staatsanwalt auf. Ich setzte mich mit dem zuständigen Staatsanwalt in Verbindung, dem die Vorkommnisse bereits bekannt waren."[164]

Gegen 15.00 Uhr   Dr. Thiel ist gerade im Begriff, sich für die Fahrt zum Lager fertigzumachen, als er aus seinem Fenster im Erdgeschoß sieht, daß Herolds Wagen vorfährt.

Als erfahrener Jurist will er natürlich gewappnet sein. Er beauftragt den Bürosekretär, das Reichsgesetzblatt mit der „Verordnung über die Errichtung von Standgerichten" herauszusuchen und ordnet an, daß die Besucher in das Zimmer seines Stellvertreters Dr. Ottinger zu führen sind.

---

[164] Pantcheff: a.a.O. 1995, S. 21.

Verordnung über die Errichtung von Standgerichten.
Vom 15. Februar 1945.

Die Härte des Ringens um den Bestand des Reiches erfordert von jedem Deutschen Kampfentschlossenheit und Hingabe bis zum Äußersten. Wer versucht, sich seinen Pflichten gegenüber der Allgemeinheit zu entziehen, insbesondere, wer dies aus Feigheit oder Eigennutz tut, muß sofort mit der notwendigen Härte zur Rechenschaft gezogen werden, damit nicht aus dem Versagen eines einzelnen dem Reich Schaden erwächst. Es wird deshalb auf Befehl des Führers im Einvernehmen mit dem Reichsminister und Chef der Reichskanzlei, dem Reichsminister des Innern und dem Leiter der Partei-Kanzlei angeordnet:

I.

In feindbedrohten Reichsverteidigungsbezirken werden Standgerichte gebildet.

II.

(1) Das Standgericht besteht aus einem Strafrichter als Vorsitzer sowie einem Politischen Leiter oder Gliederungsführer der NSDAP. und einem Offizier der Wehrmacht, der Waffen-/ oder der Polizei als Beisitzern.

(2) Der Reichsverteidigungskommissar ernennt die Mitglieder des Gerichts und bestimmt einen Staatsanwalt als Anklagevertreter.

III.

(1) Die Standgerichte sind für alle Straftaten zuständig, durch die die deutsche Kampfkraft oder Kampfentschlossenheit gefährdet wird.

(2) Auf das Verfahren finden die Vorschriften der Reichsstrafprozeßordnung sinngemäß Anwendung.

IV.

(1) Das Urteil des Standgerichts lautet auf Todesstrafe, Freisprechung oder Überweisung an die ordentliche Gerichtsbarkeit. Es bedarf der Bestätigung durch den Reichsverteidigungskommissar, der Ort, Zeit und Art der Vollstreckung bestimmt.

(2) Ist der Reichsverteidigungskommissar nicht erreichbar und sofortige Vollstreckung unumgänglich, so übt der Anklagevertreter diese Befugnisse aus.

V.

Die zur Ergänzung, Änderung und Durchführung dieser Verordnung erforderlichen Vorschriften erläßt der Reichsminister der Justiz im Einvernehmen mit dem Reichsminister des Innern und dem Leiter der Partei-Kanzlei.

Die Verordnung tritt mit ihrer Verkündung im Rundfunk in Kraft.

Berlin, den 15. Februar 1945

Der Reichsminister der Justiz

Dr. Thierack

Abb. 63: Verordnung über die Errichtung von Standgerichten vom 15.2.1945

189

Gegen 15.15 Uhr   Mit dem Gesetzblatt in der Hand begibt sich Dr. Thiel ebenfalls in das Zimmer von Dr. Ottinger in der ersten Etage. Die Gesprächsrunde besteht jetzt aus Dr. Thiel, Dr. Ottinger, „Hauptmann" Herold, Schütte, Obergefreiter Freitag und Feldwebel Hoffmeister.

Nachdem sich Herold vorgestellt hat, macht Dr. Thiel ihm klar, daß er kein Recht habe, sich in die Angelegenheiten des Lagers einzumischen. Außerdem unterstehe das Lager der Zivilverwaltung, und das von ihm eingeschlagene Verfahren der Erschießung von Gefangenen sei unzulässig.

Als er dann die entscheidende Frage stellt, was Herold überhaupt im Lager zu suchen habe, in wessen Auftrag er handele, und warum er vorhin die fünf Gefangenen erschossen habe, erhält er von Herold eine energische und rabiate Antwort: „Wenn der Feind in einer Entfernung von zwei Kilometern [was natürlich nicht der Wahrheit entspricht] vor der Stadt steht, ist es nicht erforderlich, eine besondere Vollmacht für Handlungen wie diese zu haben. Die Division erwartet von mir die Schritte, die die besondere Lage erfordert."

Dr. Thiel hat diese erste Meinungsschlacht verloren.

Im weiteren Verlauf des Gespräches, das jetzt schon eher zu einer Verhandlung geworden ist, erklärt Dr. Thiel, daß die Entscheidung über die Aburteilung straffällig gewordener Gefangener lediglich dem Gericht zustehe.

Während er mit Herold über die Einberufung eines Kriegsgerichtes spricht, kommt der kleine Taktstock unseres „Musikers" Schütte wieder zum Einsatz. Er sieht wohl seine Vorstellung vom „einfachen Abknallen" der Gefangenen in Gefahr. Jetzt muß es die Partei richten. Er beugt sich zu Herold und flüstert ihm zu: *„Wir wollen sofort zum Kreisleiter gehen."* Sein Chef Dr. Thiel hört es, und er weist ihn sofort in seine Schranken: *„Ich verbiete Ihnen das ausdrücklich. Außerdem haben Sie sich nicht einzumischen, solange ich die Unterredung führe."* Es ist eine zähe Verhandlung, aber schließlich erhält Dr. Thiel von Herold wenigstens die Zusage, mit weiteren Erschießungen bis spätesten zum anderen Morgen zu warten Unter Berufung auf sein Ehrenwort als Offizier verabschiedet Herold sich von Dr. Thiel mit Handschlag.

Natürlich denkt Schütte überhaupt nicht daran, sich an die Anweisung Dr. Thiels zu halten. Unmittelbar nach dem Gespräch steigt die Gruppe in den Wagen und fährt zum Kreisleiter Buscher nach Aschendorf.

191

Gegen 16.30 Uhr	Dr. Thiel ahnt wohl das weitere Vorgehen der Gruppe, und setzt sich deshalb nach der Verabschiedung mit Kreisleiter Buscher in Verbindung. Er liest Buscher einen Auszug aus der Verordnung über die Einberufung von Standgerichten vor und sagt ihm, daß er dafür sorgen würde, daß am nächsten Tag ein Standgericht einberufen würde.
Gegen 17.00 Uhr	Inzwischen ist Herold mit seinem Gefolge im Büro des Kreisleiters Buscher in Aschendorf eingetroffen. Die Parteiebene ist erreicht. Er stellt sich als „Kommandant des Sonderkommandos Standgericht, Hauptmann Herold" vor. [165] Während der Besprechung erklärt Herold unverblümt, daß er die Absicht habe, die entwichenen und wieder aufgegriffenen Gefangenen zu erschießen, aber mit Dr. Thiel zu keiner Einigung gelangt sei. Der linientreue Buscher erklärt zwar, daß er zur Erteilung einer Genehmigung für die Erschießung der Gefangenen nicht zuständig sei, erklärt sich aber spontan bereit, bei der Gauleitung anzurufen, um Herolds Vorhaben zu unterstützen. Im Beisein von Herold, Schütte, Freitag und der beiden Mitarbeiter in der Kreisleitung Ki... und Fr... stellt er sofort eine telefonische Verbindung mit der Gauleitung in Oldenburg her.

---

[165] Pantcheff: a.a.O. 1995, S. 90.

Sein Gesprächspartner ist der Gaurichter Grahlmann [Parteirichter der NSDAP]. Buscher erklärt ihm den Sachverhalt in allen Einzelheiten und fragt abschließend, ob ein Standgericht herüberkommen müsse. Grahlmann vermag aber keine Entscheidung zu treffen. Er verspricht, Buscher am Morgen des nächsten Tages, also am 12.4.1945, anzurufen. Nach dieser für Herold durchaus positiven Information verabschiedet er sich mit seinen Leuten von Buscher.

Die Gespräche Dr. Thiels mit dem Generalstaatsanwalt Christians und Buschers mit dem Parteirichter Grahlmann lösen in Oldenburg eine rege Betriebsamkeit aus.
Herolds Ultimatum läuft bis zum nächsten Morgen. Eine Entscheidung muß getroffen werden.
Generalstaatsanwalt Christians und auch der Parteirichter Grahlmann setzen sich unabhängig voneinander mit dem Oberstaatsanwalt Dr. Wi… in Verbindung, der dem schon bestehenden Standgericht für den Gau Weser-Ems in Oldenburg als politischer Anklagevertreter [der NSDAP] angehört.
Aber Dr. Wi… lehnt aus folgenden Gründen die Aburteilung durch ein Standgericht ab:

- Für die notwendigen Untersuchungen ist eine Mindestzeit von vier Tagen erforderlich. Bei der Kriegslage ist die Zeit zu knapp.

- Die Entfernung nach Papenburg ist nicht zu überbrücken, weil die Fahrt mit dem Zug wegen der Kriegslage und des ständigen Fliegerbeschusses zu gefährlich ist. Eine Fahrt mit dem Auto kommt wegen Mangels an Benzin nicht in Frage.

Generalstaatsanwalt Christians wendet sich jetzt direkt an den Reichsverteidigungskommissar. Es hat sich nie feststellen lassen, wer letztendlich die Entscheidung von dort auf die Geheime Staatspolizei abgewälzt hat, auf jenen Apparat Himmlers, der für seine oft grauenhaften Handlungen nicht zur Rechenschaft gezogen werden kann.

Gegen 18.00 Uhr	Generalstaatsanwalt Christians teilt in einem letzten Telefonat Dr. Thiel mit, daß kein Standgericht kommen könne. Der Reichsverteidigungskommissar habe ihm mitgeteilt, daß die Sache der Gestapo in Emden übertragen worden sei.
Gegen 18.15 Uhr	Dr. Thiel informiert seinen Vertreter über das Gespräch und beauftragt ihn, sofort bei der Gestapo in Emden abzuklären, ob die Sache übertragen worden sei.
Gegen 18.30 Uhr	Dr. Ottinger setzt sich telefonisch mit dem Dienststellenleiter der Gestapo in Emden, Dr. Struve, in Verbindung. Er gibt einen genauen Bericht über das Erscheinen Herolds im Lager II, die Erschießung der fünf Gefangenen und die weiteren geplanten Maßnahmen des „Hauptmanns" wegen der ergriffenen, geflüchteten Gefangenen. Die Antwort kommt prompt. Herold wird ermächtigt, diejenigen Gefangenen, die

| | vom Lager I Börgermoor gekommen seien und unterwegs Verbrechen begangen hätten, abzuurteilen und, falls nötig, die Strafe zu vollstrecken. |
| Gegen 19.00 Uhr | Nachdem Dr. Ottinger seinen Chef unterrichtet hat, ruft er auftragsgemäß bei dem Lagervorsteher Hansen an und informiert ihn entsprechend. |

Ein langer Arbeitstag für alle Beteiligten. Jeder hat das Gefühl: „Alles ist zur Zufriedenheit geregelt." Keiner macht sich Vorwürfe, keiner hat Gewissensbisse, und niemand verschwendet auch nur den geringsten Gedanken daran, wie viele Leben durch diese Entscheidung am nächsten Tag, dem 12.4.1945 und in den Folgetagen sinnlos ausgelöscht werden.

Die Gleichschaltung kann weitergehen

Kurze Zeit darauf kehrt Herold mit seinen Leuten von den Verhandlungen mit Kreisleiter Buscher aus Aschendorf in das Lager zurück.

Ob er die Ankunft der um diese Zeit eintreffenden Gefangenen aus Collinghorst miterlebt, ist nicht bekannt.

Als Hansen ihm von der Ermächtigung durch die Gestapo berichtet und hinzufügt, jetzt sei alles in Ordnung, antwortet „Hauptmann" Herold: *„Die Gleichschaltung* [mit dem Tod] *kann weitergehen, aber heute Abend ist es schon zu spät."* [166]

---

[166] Anmerkung d. Verf. I. und H.P: In den Dokumenten wird teilweise auch die Meinung vertreten, daß er an diesem Abend noch nicht von Hansen informiert wurde, und diesen Ausspruch nur deshalb tat, weil er sich der gewünschten Zustimmung sicher war. Diese unterschiedlichen Meinungen sind aber für den weiteren Verlauf unerheblich.

Nach diesem Satz mit seinem Lieblingswort „Gleichschaltung" geht er mit seiner Truppe am Küstenkanal entlang und führt 15 Kilometer südlich vom Kanal, in der Nähe des Ortes Wippingen, ein Unternehmen durch.

Diese Einteilung soll die kommenden sieben Tage sein soldatisches Dasein bestimmen, tagsüber Erschießungen im Lager, nachts militärische Maßnahmen. Er wird später im Prozeß sagen: *„So gelang es mir, zwei Fliegen mit einer Klappe zu töten."*

Am 12.4.1945 spricht Herold in Begleitung von Schütte und Freitag gegen 10.00 Uhr wieder beim Kreisleiter in Aschendorf vor. Er betritt gerade mit Schütte in dem Augenblick das Büro, als ein Anruf der Gauleitung eingeht. Buscher wird vom Parteirichter Grahlmann darüber informiert, daß er sich mit der Gestapo in Emden in Verbindung setzen solle.

Bei dem folgenden Gespräch mit dem stellvertretenden Leiter der Gestapo stellt sich heraus, daß der Fall dort schon bekannt ist. Der Gesprächspartner in Emden will nur noch wissen, wie viele Gefangene zur Erschießung kommen sollen. Buscher erkundigt sich bei Herold und erhält als Antwort, daß es sich um 30-40 Häftlinge handele[die ergriffenen Gefangenen in der Arrestbarakke].

Buscher erhält ein kurzes: „Einverstanden" und den Hinweis, daß die Teilnahme eines Beamten der Gestapo nicht erforderlich sei.

Die Gestapo mit ihrem SS-Hintergrund hat einmal mehr als brutalste Einrichtung im nationalsozialistischen Regime ihre Machtbefugnisse demonstriert.

Herold und Schütte werden sichtlich zufrieden von Buscher nach draußen begleitet. Dort gesellen sich auch Freitag und Bierschinski zu ihnen, die sich in der Zwischenzeit mit Urbanek, dem Kradmelder der Kreisleitung unterhalten hatten.

Im Weggehen ruft ihnen Buscher noch zu: **„Viel Glück. Hals- und Beinbruch, die Leute hätten schon längst umgelegt werden müssen!"**

Auf der Fahrt zum Lager II und auch in der folgenden Zeit setzt Schütte Herold weiter zu. Er vertritt nach wie vor die Ansicht, die Erschießungen nicht nur auf die ergriffenen Gefangenen zu beschränken.

Er kennt „Thiels Liste", und er möchte, daß die gesamten 400 Gefangenen, die nicht den Alliierten in die Hände fallen sollen, liquidiert werden. [167] Herold saugt alles in sich auf, und in seinem Kopf formt sich allmählich ein strategischer Plan.

Vorbereitungen zum Morden

Es ist um die Mittagszeit, als sie wieder im Lager II eintreffen. Im Hinblick auf die in Aussicht genommene Massenerschießung läßt Herold sofort durch Schütte zusätzlich zu den Maschinengewehrwachen auf den beiden Türmen das gesamte Lager mit einer Postenkette als Doppelposten umgeben, um Ausbruchsversuchen oder einem Aufstand der immerhin etwa 3500 Gefangenen wirksam begegnen zu können.

Der bisherige Lagervorsteher Setzer erhält den Auftrag, an der Südwestecke des Lagers, etwa in Höhe der Baracke 7, aber außerhalb der Drahtumzäunung, ein 7 Meter langes, 2 Meter breites und knapp 2 Meter tiefes Loch graben zu lassen. Er gibt dem Gefangenen Pa... den Befehl, sich mit vier weiteren „Kommandierten" [Gefangene mit Sonderaufgaben] im Geräteschuppen bereitzuhalten.

Herolds Soldaten schwärmen im Lager aus. Die Mitteilung an die Gefangenen lautet:
„Das Lager wird von jetzt ab von der Wehrmacht übernommen. Jeder hat in den Baracken zu bleiben. Von den nachfolgenden Geschehnissen ist keine

---

[167] Pantcheff: a.a.O. 1995, S. 136.

Kenntnis zu nehmen. Es wird auf jeden geschossen, der aus dem Fenster schaut oder sich überhaupt am Fenster sehen läßt. " In der Zwischenzeit hat sich Herold, ohne zu essen, mit Schütte zurückgezogen. Bei diesem Gespräch, an dem wahrscheinlich auch Lagerleiter Hansen teilgenommen hat, wird der „Generalstabsplan" entwickelt. Hierbei muß auch für Schüttes innigsten Wunsch eine Lösung gefunden worden sein, nicht nur die entflohenen, wiederergriffenen Gefangenen zu erschießen, sondern auch die etwa 400 Gefangenen auf „Thiels Liste" [die Regimegegner, die den Alliierten nicht in die Hände fallen sollen] einfach, wie er es immer ausdrückt, mit umzulegen.

Wie diese Lösung aussieht wird deutlich, als Herold kurze Zeit später seine Leute in der Kantine antreten läßt. Militärisch kurz und bündig weist er auf die Anweisung der Gestapo zur Erschießung der flüchtig gewesenen Gefangenen hin. Außerdem fügt er als Ergänzung hinzu, daß nach einem Himmlerbefehl alle „Verräter" [damit sind offensichtlich die Regimegegner von „Thiels Liste" gemeint] aufzuhängen oder zu erschießen sind.

Herold hat sich damit selbst die Generalvollmacht zum Töten erteilt.

Seine Stimme ist, wie immer, laut, bestimmend und herrschend, als er seine Leute vergattert [168] und damit droht, jeden gleichfalls zu erschießen, sollte er nicht mitmachen.

Nach dieser Instruktion unterstellt ihm der ebenfalls anwesende Installateur Ga… aus Papenburg, eigentlich als Angestellter auf der Kommandantur in Papenburg beschäftigt, jetzt aber als SA-Oberführer auch Bataillonsführer des Volkssturms, eine Kompanie des ihm unterstehenden Volkssturms im Lager II Aschendorfermoor. [169]

Herold hat seinen Machtbereich erweitert und gefestigt.

---

[168] „Vergattern" ist der militärische Ausdruck für verpflichten.

[169] Anmerkung d. Verf. I. und H.P: Die Kompanie hat wahrscheinlich bei 3-4 Zügen zu jeweils 3-4 Gruppen eine Stärke von 100-150 Volkssturmmännern.

198

So gestärkt gehen alle in das Lager „hinter Draht". Alle, das sind Herold, seine zwölf Soldaten, Lagerleiter Hansen, Schütte und andere Justizbeamte.

Die Gefangenen müssen in Reihe und Glied zum Appell antreten. Eine beeindruckende Menge von etwa 3500 Männern auf der Straße des Lagers II, das eigentlich nur für 1500 Gefangene gebaut wurde, und jetzt in jeder Baracke fast 250 Gefangene [anstatt rund 100] beherbergt.

Jetzt stellt sich heraus, daß Herold, Schütte und Hansen noch mehr vorbereitet haben.

Hansen hält eine kurze Ansprache. Er informiert die Gefangenen darüber, daß „Hauptmann" Herold für die Wehrmacht die Befehlsgewalt über das Lager II Aschendorfermoor übernommen habe, und daß von nun an ein anderer Wind wehen werde.

Herold bekräftigt das sofort, als er über den Platz brüllt: *„Keiner soll sich einbilden davonzukommen. Es werden alle umgelegt!"*

Als er fragt, wer aus seinem Heimatland Thüringen ist, meldet sich tatsächlich einer, wohl in der Hoffnung, verschont zu werden. Er wird sofort auf Herolds Befehl in den Feuerlöschteich neben der Lagerstraße geworfen.

Diese Machtdemonstration reicht Herold noch nicht. Er fragt einen anderen Gefangenen, aus welchem Ort er sei. Als dieser antwortet: „Aus Blauen", befiehlt Herold ihm, einen Eimer mit Wasser zu holen und 20 Kniebeugen zu machen. Er wäre dann frei. Der Gefangene schafft es, Herold zieht die Pistole und erschießt ihn trotzdem.

Erst jetzt scheinen aus seiner Sicht die Fronten geklärt zu sein.

Es ist erstaunlich, wie er mit den gleichen Methoden [Grausamkeit imponiert] sein kleines „Lagerreich" errichtet und beherrscht, die die nationalsozialistische Diktatur in Deutschland vorgelebt hat.

„Thiels Liste", Auswahl der Gegner des NSDAP-Regimes

Dann zieht Lagerleiter Hansen eine Liste mit 400 Gefangenen aus der Tasche. Da ist sie wieder: „Thiels Liste" [Regimegegner, die dem Feind nicht in die Hände fallen dürfen]. Die Männer, die mit den anderen gestern Abend aus Collinghorst eingetroffen sind, und die nach Schüttes Vorstellungen „einfach umgelegt" werden müssen.

Unter Berücksichtigung der Tatsache, daß die Zahl sich durch Erschossene auf dem Marsch nach Collinghorst und durch Flucht und Erkrankung geringfügig verringert hat, haben Schütte und Hansen rund ein Viertel, nämlich 96 Gefangene [170] ausgewählt. Unter ihnen auch die „Lieblingsfeinde" von Herold, die „Wehrkraftzersetzer".

Die Gefangenennummern werden über den Platz gebrüllt. Jeder hofft, daß seine Nummer nicht dabei ist; denn allen ist inzwischen bekannt, daß Hinrichtungen stattfinden sollen.

Ist die Gefangenennummer 914/43 des „Wehrkraftzersetzers" **Albert Sommer** auch dabei, der auf der Zuführungsliste aus Lager III unter Nummer 78 aufgeführt ist??

Die 96 Männer werden sofort zu den zunächst geflohenen, aber wiederergriffenen 30-40 Gefangenen [von denen schon fünf erschossen wurden] in die Arrestbaracke gebracht.

Herold lehnt Hansens Bitte ab, doch wenigstens einen Blick in die Personalakten der zur Erschießung kommenden Gefangenen zu werfen. Es gibt keine Untersuchungen, Namen werden nicht erfaßt, von Urteilen ist ohnehin nie die Rede.

An dieser Stelle erscheint es mir wichtig, zwei Irrtümer aufzuklären, die sich in den Nachkriegsurteilen eingeschlichen haben und hieraus folgernd in Publikationen immer wieder zu Irritationen führen:

---

[170] Anmerkung d. Verf. I. und H.P: Es ist auch teilweise von 97 oder 98 Gefangenen die Rede.

1. Erst in den Urteilen nach dem Kriege geht man davon aus, daß etwa 400 Gefangene entflohen sein sollen. Bei dieser nie belegten, plötzlich auftauchenden Zahl handelt es sich aber offensichtlich um die 400 Gefangenen aus „Thiels Liste." Das wird auch aus den Prozeßunterlagen der Briten und aus Herolds Aussage im C.I.C. – Lager Esterwegen vom 26.1.1946 deutlich: *„Der Grund, weshalb nicht **alle 400 Mann**, die auf der Liste Han.s standen* [Thiels Liste]*, getötet wurden, war folgender: Ich hatte nicht die Absicht, sie alle zu töten, und **hatte nach der ersten Erschießung der 96 Mann den Befehl gegeben, die restlichen Leute langsam zu erschießen, und nicht in großen Mengen. ...***"[171] Bis zum Zeitpunkt der ersten Massenerschießung am 12.4.1945 sind nur 30-40 ergriffene Gefangene in der Arrestbaracke, nämlich diejenigen, für die Buscher bei der Gestapo die rechtswidrige „Genehmigung" erwirkt hatte. Weitere Einlieferungen während der relativ kurzen Vorbereitungszeit bis zum Massaker werden nirgendwo erwähnt.

Es wird sich noch im weiteren Verlauf dieser Dokumentation herausstellen, daß zwar noch einige flüchtige Gefangene aufgespürt werden, die Gesamtzahl der Entflohenen sich aber höchstens auf 100-150 Gefangene belaufen hat. [172]

Die genaue Zahl der Entflohenen wird nie ermittelt.

---

[171] Hervorhebungen durch Verfasser.

[172] Anmerkung d. Verf. I. und H.P: Pantcheff legt in seinem Buch „Der Henker vom Emsland" eine nicht belegte Zahl von 150 entflohenen Gefangenen zugrunde (S. 20). Er geht zwar auch davon aus, daß über 90 Gefangene am 12.4.1945 aus der Arrestbaracke zur Massenerschießung geführt werden, verkennt aber dabei, daß es sich hierbei nur zum geringen Teil um Geflohene handelt, da schon 96 Delinquenten aus „Thiels Liste" ebenfalls in der Arrestbaracke untergebracht sind.

2. Viele dieser entflohenen Gefangenen, von denen schon die Rede war, melden sich freiwillig bei der Polizei oder werden dort hingebracht. Die Polizei liefert sie aber nicht wieder den „Blauen" aus. Sie werden nach Leer transportiert und sehen das Lager nie wieder.

Aus diesen gesamten Ermittlungen und Feststellungen ist die Schlußfolgerung zu ziehen, daß die entflohenen Gefangenen zwar in der Anfangsphase die entscheidende Rolle bei der Erschleichung der rechtswidrigen „Genehmigung zur Erschießung" spielten, sich dann aber die Entwicklung der Ereignisse im Lager überwiegend auf die Vernichtung der Regimefeinde nach „Thiels Liste" und andere „unliebsame" Gefangene konzentrierte. Das nicht alle 400 Regimegegner ermordet wurden, ist nur der Tatsache zu verdanken, daß das Lager wegen des Einmarsches der Alliierten sieben Tage später aufgegeben wird, Herold mit seiner Truppe abzieht, und er dadurch die verlangsamte Erschießung der restliche Gefangenen auf „Thiels Liste" nicht zu Ende bringen kann.

Verweigerung seelsorgerischer Betreuung

Die Nachricht, daß im Lager II Aschendorfermoor Todesurteile zur Vollstreckung kommen sollen, hat sich wie ein Lauffeuer verbreitet. Etwa gegen 14.00/14.30 Uhr fährt der römisch-katholische Kaplan Lüning aus Papenburg, zuständig für die seelsorgerische Betreuung der Gefangenen, auf seinem Fahrrad zum Lager.
Hier verwehrt man ihm zunächst den Zutritt mit der Begründung, es sei eine Sonderaktion im Gange. Erst nachdem er erklärt, er möchte mit dem Hauptmann sprechen, darf er passieren.

Die Unterhaltung mit Herold und Schütte ist unerfreulich und erfolglos.

Schütte empfängt ihn sofort mit den Worten: *„Ob die Kerle beten oder nicht, umgelegt werden sie sowieso."*

Lüning wendet sich dann an Herold und sagt ihm: „Wenn ein Todesurteil gefällt worden sei, dann würde er sich doch ohne Zweifel an die Militärtradition halten; das heißt, daß derjenige, der erschossen werden soll, dies zwei Stunden vorher erfahren und gefragt werden muß, ob er einen Priester zu sehen wünscht oder nicht."

Es ist wohl das erste Mal, daß Herold mit der Antwort zögert.

Aber Schütte dirigiert auch hier durch die schwierige Passage, als er antwortet. *„Diese Männer* [gemeint sind Herold und seine Leute] *sind nicht nur Soldaten; sie sind Wehrmacht, Partei und Standgericht in einem."*

Deswegen treffe die Militärtradition nicht zu.

Der Zugang zu den Männern, die erschossen werden sollen, wird verweigert.

Schütte sagt ihm bei dieser Gelegenheit noch nebenbei, daß zehn Gefangene bereits mittags erschossen worden seien, die anderen würden das gleiche Schicksal später erleiden.

Herold fordert ihn zwar der Form halber zum Bleiben auf, dann kümmert man sich nicht mehr um ihn.

Leider entschließt sich Lüning nicht dazu, die, wenn auch vielleicht nicht ernst gemeinte, Einladung Herolds anzunehmen, um allein durch seine Anwesenheit bei der Massenerschießung den Gefangenen christlichen Beistand zu geben.

Nach einer gewissen Wartezeit, und auch vielleicht einer Zeit der Unentschlossenheit, setzt er sich gegen 17.00 Uhr auf sein Fahrrad und fährt nach Hause zurück.

In seinem Tagebuch protokolliert er seinen Einsatz und vermerkt später mit einem Nachtrag, daß noch am Abend des gleichen

Tages nach zugegangenen Mitteilungen „etwa 79" Gefangene erschossen worden waren. [173]

Mißhandlungen im Lager

Noch vor der Massenerschießung macht Freitag mit einem Justizbeamten einen allgemeinen Rundgang durch das Lager, und geht mit ihm in eine Baracke. Er hat wohl von Herold gelernt. Da er auch aus Thüringen ist, fragt er in der Baracke, in einer Hand einen Gummiknüppel, die andere Hand an der Pistole, in barschem Ton nach Thüringern. Es melden sich acht bis zehn Häftlinge. Sie müssen sich niederknien, und er schreit sie an: „Schweine, schämen sollt Ihr Euch, Landsleute"; und dann schlägt er ihnen so heftig mit dem Gummiknüppel auf die Köpfe, daß die Kopfhaut aufplatzt, und die Gefangenen teilweise zusammenbrechen. Weiter kündigt er an: „Die Schnellfeuerkanone ist im Moor steckengeblieben, kommt aber gleich, und dann geht es anders zu. Es ist zwecklos, einen Fluchtversuch zu unternehmen, da das ganze Lager umstellt ist."

Das Grabungskommando

Es ist etwa 15.00 Uhr, als sich der Zugführer Brockmann von dem Wegebaukalfaktor Pa…, der schon seit Stunden mit den vier Mitgefangenen (Kommandierten) im Geräteschuppen ausharrt, Schaufeln geben läßt. Während die Kommandierten ins Lager zurückgeschickt werden, muß Pa… weiterhin warten.
Eine Stunde später holt Brockmann ihn ab, befiehlt ihm, eine Schaufel mitzunehmen, und geht mit ihm außerhalb des Lagers zu der Stelle, wo bereits fünf andere Kommandierte damit beschäftigt sind, eine Grube [nach seinen Angaben 2,50 m breit, 8 m lang und 2 m tief] zu graben.

---

[173] Anmerkung d. Verf. I. und H.P: Vielleicht hat Lüning durch einen Zahlendreher anstatt der 97 Erschossenen 79 eingetragen.

Das Massengrab ist gegen 18.00 Uhr fertiggestellt, und die 6 Gefangenen werden in ihre Baracken zurückgebracht.

Antreten zum Sterben – in Linie zu fünf Gliedern

Um 19.00 Uhr sind alle Vorbereitungen abgeschlossen. Herold läßt 98 Gefangene aus der Arrestbaracke antreten. Begleitet von Herolds Soldaten marschieren die Häftlinge aus dem Tor. Ein Gefangener, vorher Küchenhelfer im Lager I, fleht den ehemaligen Platzmeister Fue… an, ihn nicht zu erschießen, Fue… habe doch noch vor 8 Wochen für ihn ein Gnadengesuch geschrieben.

Am Tor sagt Fue… zu Herold: *„Dieser Mann wird ganz bestimmt zu Unrecht erschossen, der hat bestimmt nichts gemacht."*

Herolds Antwort ist einfach. Er holt mit dem Gummiknüppel aus, trifft Fue… auf der Schulter und sagt: *„Mit Dir werde ich noch später abrechnen!"*

Dem Zug folgen der LKW mit der 2 cm Kanone (Flak) und die Männer des Volkssturmzuges von „Schnurrbart" – Meyer.

Aus der Baracke 3 zählt der Gefangene Wegebaukalfaktor Pa… heimlich den vorbeiziehenden „Todeszug". Er kommt auf 98 Männer.

Auf dem Weg zur Grube müssen die Männer am Zaun stehenbleiben. Ein Häftling wendet sich an den Wachmann Ho…, früher Müllergeselle in Aschendorf, und bittet, ihm zu helfen. Ho… kennt den Gefangenen aus dem Lager und setzt sich bei Herold für ihn ein. Sofort widersprechen andere Gefangene, er sei genauso schuldig [oder unschuldig] wie sie.

Herold weist Ho… zurecht und droht ihm im Wiederholungsfalle an, ihn mit den Gefangenen erschießen zu lassen.

Die 2 cm Flugabwehrkanone wird 20-25 Meter vor der Grube in Stellung gebracht.

Etwa die Hälfte der Häftlinge muß sich „in Linie zu mehreren Gliedern" an der vorderen Grubenkante aufstellen **[siehe Titelbild]**.

All denjenigen, die sich unter dieser militärischen Formation nichts vorstellen können, muß diese Aufstellungsart näher erläutert werden:

Die Männer stehen in einer Reihe, mit den Fußspitzen auf einer Höhe und mit der Front, also mit dem Gesicht, in Richtung der Kanone. Bei 5 fünf Gliedern stehen entsprechend 5 Reihen hintereinander.

In diesem Falle stehen bei etwa 45 Gefangenen also 4-5 Reihen mit je 10-12 Mann hintereinander.

Abgesehen davon, daß man mit einer Flak keine Exekutionen durchführt, handelt es sich auch noch um die denkbar schlimmste Formation, die man sich bei einer Erschießung vorstellen kann. Die erste Reihe steht dadurch etwa 2-3 Meter vom Grubenrand entfernt, diese Männer fallen nach der Erschießung höchstens auf die Hintermänner, aber nicht in die Grube.

Hat man vielleicht damit gerechnet, daß die gewaltigen Geschosse der Flak gleich alle 4-5 Reihen durchschlägt?

Noch während der Vorbereitungen hören die Schikanen durch Herold nicht auf.

Als sich ein Gefangener aus der anderen, etwas abseits der Grube stehenden, bewachten Gruppe, die Hände klopft, befiehlt Herold ihm, über einen 1-2 Meter breiten Entwässerungsgraben zu springen, der in etwa 55 Meter Entfernung parallel zum Lager verläuft.

Der Gefangene fällt in den Graben. Herold beauftragt Freitag, ihn ganz unter Wasser durch den Graben robben zu lassen. Als der Gefangene wieder auftaucht und ein Stück Torf in der Hand hält, befiehlt Herold ihm, hineinzubeißen, was er auch macht.

An der Grube flehen Gefangene Herold an und beteuern, lieber an der Front kämpfen zu wollen. Herold antwortet nur: *„Dafür ist es zu spät, das hättet ihr euch früher überlegen sollen".*
Er befiehlt den Gefangenen: „Es lebe der Führer!" zu brüllen. Manche kommen in ihrer Todesangst der Aufforderung nach. Dann gibt er Feldwebel Hoffmeister und der Bedienungsmannschaft den Feuerbefehl für die Flak.

Das erste Massaker

Die Geschosse jagen ohrenbetäubend durch die Luft. Getötete und Verletzte fallen um. Furchtbare Schreie dringen durch das Moor.
Nach 4-5 Feuerstößen und 1 ½ Magazinen hat die Flak Ladehemmung. Herold brüllt, aber die Ladehemmung kann nicht beseitigt werden.
Bei dem Chaos sind die verletzten und nichtgetroffenen Gefangenen voller Panik in die Grube gesprungen. In ihrer Angst und Verzweiflung suchen sie Deckung untereinander.
Nun befiehlt Herold seinen Männern, mit Handfeuerwaffen das Feuer zu eröffnen.
Schütte schreit die Wachmannschaft an: *„Alles schießen!"* Sofort beteiligen sich zusätzlich zu den Soldaten mindestens 10 Wachleute an dem Massaker.
Sie gehen zum Grubenrand, schießen mit Gewehren und Pistolen in die verschlungene Masse aus Getöteten, Verwundeten und Lebenden.
Freitag schießt mit seinem Sturmgewehr das Magazin leer, dann weiter mit seiner Pistole 08 und einer Pistole 7,65 mm.
Die Munition geht aus.
Noch dringen Schreie der nicht zu Tode getroffenen Gefangenen aus der Grube. Herold wirft eine Handgranate in die Grube, eine weitere, von einem anderen geworfen, folgt.

Was für eine Qual für die anderen etwa 50 Gefangenen, die alles mit anhören, und wohl auch mit ansehen müssen.

Dieser Gruppe ist noch eine kleine Gnadenfrist vergönnt, da erst Munition aus dem Lager beschafft werden muß. Dann werden auch sie in ein oder zwei Schüben umgebracht.

Nur der Wachmann Anwander schießt nicht mit. Als er später im Prozeß gefragt wird, warum er sich nicht an den Erschießungen beteiligt hat, ist seine Antwort ganz einfach: *„Weil es nicht richtig war.“*

Ungefähr am Schluß der Erschießung der ersten Gruppe kommen zwei Oberleutnante der Kampfgruppe Gericke auf das Gelände. Sie sehen noch die Handgranaten fliegen und beobachten, wie Chlorkalk in die Grube geworfen wird. Einer von Ihnen sagt zu Herold: *„Herr Hauptmann, was Sie hier machen, ist Mord, ich muß meinem Vorgesetzten darüber Meldung machen.“* Herold zeigt auf seinen Wagen, auf dem jetzt das Schild „Standgericht“ angebracht ist und droht, ihn zu den Gefangenen zu stellen, wenn er noch eine Bemerkung macht. Der Offizier macht keine Bemerkung mehr, geht vor der Erschießung der 2. Gruppe und erstattet entweder keine Meldung bei seinem Vorgesetzten oder Herold wird durch Hauptmann Kathim [Herolds „Kollege“] in Papenburg gedeckt.

Zwei Gefangene können aus ihren Baracken beobachten, wie ihre Kameraden erschossen werden.

Gerhard Vö…Schreiber im Lager IV muß mit ansehen, wie sein Kamerad Willi Ki…, der schon 1933 in politischer Haft war, dann wegen **Wehrkraftzersetzung** 1944 in das Lager IV Walchum eingeliefert wurde, seit März 1944 wegen Fluchtversuchs mit einem „V“ [eigentlich ein geschlossener Winkel] auf dem Rücken gekennzeichnet war, als Regimegegner erschossen wird.

Der Gefangene Willi Be… muß ebenfalls miterleben, wie sein Mitgefangener Karl Lauer gegen 20.00 Uhr an der Grube er-

schossen wird. Wie Be… im Oktober 1945 eidesstattlich aussagt, hat der **Lagerkommandant [Hansen] verlauten lassen, daß alle politisch unzuverlässigen [Thiels Liste] sowie fluchtverdächtigen Gefangenen [„F"- und „V"-Träger] erschossen worden seien.** Karl Lauer war schon 1939 aus politischen Gründen verurteilt worden, und im Oktober 1944 in das Lager II Aschendorfermoor gekommen. Auf seine Spur bin ich gestoßen, weil für ihn in Efferen ein Gedenkstein gesetzt wurde. [174]
Durch diese beiden bekanntgewordenen, gesicherten Beispiele werden die letzten Zweifel beseitigt: Den Massakern im Lager II fielen neben den eingebrachten, geflohenen Gefangenen in erster Linie die Regimegegner nach „Thiels Liste" und die „V"- und „F"- Träger zum Opfer.

Albert Sommer „erfüllt" gleich beide Kriterien, er steht wegen **Wehrkraftzersetzung** als Regimegegner auf „Thiels Liste", und zusätzlich prangt auf dem Rücken seiner Kleidung ein großes weißes „F" als **Fluchtverdächtiger.**

Was sich nach dem Massaker an der Grube abgespielt hat, geht am deutlichsten aus der wörtlichen Wiedergabe der Vernehmung des Justizbeamten Euler während des Kriegsgerichtsprozesses der Engländer hervor, der an den Erschießungen als Gruppenführer im Volkssturmzug von „Schnurrbart"-Meyer beteiligt war. Hierbei ist wieder zu bedenken, daß auch diese Darstellung harmloser geschildert wird, als sie tatsächlich war. Ging es doch im wahrsten Sinne des Wortes um Eulers Kopf [den er dann nach dem Prozeß doch verlor]: [175]

---

[174] Die Unterlagen über Karl Lauer wurden freundlicher Weise vom Stadtarchiv der Stadt Hürth zur Verfügung gestellt, Bestand 9.06, Nr.8.

[175] Pantcheff: a.a.O. 1995, S. 190 u. 191.

Euler:	*„Nach Beendigung der Erschießung gingen die Männer, die gefeuert hatten, zum Grubenrand."*
Frage:	*„Was haben sie da beobachtet?"*
Euler:	*„Das Grab war schrecklich zugerichtet von den Sprengstoffen und der Munition, zerfetzte Körper – manche lebten noch."*
Frage:	*„Haben Sie sich irgendwann aktiv an der Erschießung beteiligt?"*
Euler:	*„Bis zu diesem Augenblick nicht."* [Was sich später als Lüge herausstellt.]
Frage:	*„Und dann?"*
Euler:	*„Als ich näher an die Grube herankam, sah ich diese zerfetzten Körper, und am Rand der Nordwestecke war einer ganz schlimm verstümmelt."*
Frage:	*„Was geschah nun?"*
Euler:	*„Meiner Meinung nach muß er noch gelebt haben, und als ich sah, wie die Wachen die Leichen am Rand mit den Füßen ins Grab beförderten, dachte ich, dem in der Ecke würde es genauso ergehen. Und da er meiner Meinung nach nicht tot war, schoß ich mit meiner Pistole auf ihn."*
Frage:	*„Sie wollten verhindern, daß dieser Mann lebendig ins Grab geworfen wurde?"*
Euler:	*„Ja."*
Frage:	*„Inwieweit war er verletzt?"*
Euler.	*„Soweit ich mich erinnern kann, war ein Arm abgerissen und der Brustkorb zerschmettert, eine klaffende Wunde. Ich denke, er wurde von dem 2-cm-Flakgeschütz getroffen."*
Frage:	*„Was für Waffen trugen Sie?"*
Euler:	*„Ich trug eine Maschinenpistole und hatte eine Pistole 08 im Gurt."*
Frage:	*„Und haben Sie auch mit der Maschinenpistole geschossen?"*
Euler:	*„Nein."*

210

Frage:	„Was geschah, als Sie dem Schwerverwundeten den Gnadenschuß gegeben hatten?"
Euler:	„Nichts weiter. Der ganze Anblick hatte mich so aufgeregt, daß ich mich schleunigst davonmachte. Ich bin magenleidend, mein Magen rebellierte."

Widhalm [„Stumpen"], der sich ebenfalls an den „Abschlußarbeiten" beteiligt, versetzt noch einhändig einem noch nicht toten Häftling, der vor oder in der Grube liegt, mit einer Schaufel einen Schlag auf den Kopf.

Kurz nach der Erschießung erhält der Wegebaukalfaktor Pa... den Befehl, wieder mit seinen Leuten und Schaufeln herauszukommen. Der Auftrag wird dann aber unverzüglich rückgängig gemacht. Vielleicht sollen die Gefangenen nicht sehen, wie furchtbar das Grab aussieht.

Das Ende dieses Abends gegen 20.00 Uhr lasse ich von dem Wachmann Hermann Brandt aus seiner Aussage gegenüber den Engländern im C.I.C. – Lager Esterwegen vom 26. 6.1946 schildern: [176]

„...(Als alles vorbei war) gaben Schütte und Bernhard Meyer den Befehl, das Grab zuzuschütten. Zuerst wurde Chlorkalk auf die Leichen gestreut, dann schüttete ich mit den anderen das Grab zu."

Bei den Erschießungen ist auch der Meldefahrer des Kreisleiters Buscher, Urbanek, anwesend. Ob er an den Erschießungen beteiligt war, ist wahrscheinlich, die Beweise dafür reichen aber nicht aus. Er soll seinem Chef Buscher einen Bericht über die Erschießungen bringen. Als Urbanek sich während der Ladehemmung der Flak an Herold wendet, wird er schroff mit den Worten abgewiesen: „Ich werde selbst zu Buscher fahren." Ein bis zwei Tage später berichtet Herold Buscher über die Erschießung von 59 Ge-

---

[176] Pantcheff: a.a.O. 1995, S. 195.

fangenen [wahrscheinlich nennt er ihm absichtlich eine falsche Zahl, um einigermaßen im Rahmen der abgesprochenen 30-40 Gefangenen zu bleiben].

Als Urbanek Buscher mitteilt, daß Herold selbst kommen will, fragt dieser plötzlich: „Was haben Sie denn an der Hose?" Die Antwort lautet lakonisch: "**Das ist nur Pattjackenblut!**" Der denkwürdige Tag mit dem grausamsten und größten Massaker in der Geschichte der Emslandlager endet am Abend des 12.4.1945 im Lager II Aschendorfermoor mit insgesamt etwa 110 ermordeten Gefangenen.

War **Albert Sommer** auch einer von ihnen??

Das zweite Massaker

Der nächste Tag, Freitag, der 13.April 1945, ist geprägt von großen Aktivitäten.
Herold sortiert die Gefangenen nach drei Kategorien aus. Während die Häftlinge mit „guter Führung" von „ihm" zur Entlassung in die Wehrmacht begnadigt werden, will er die Gefangenen mit „weniger guter Führung" für stärkere Arbeitsleistungen vorsehen [obwohl es zu diesem Zeitpunkt keine besonderen Arbeitseinsätze mehr gibt], und die Gefangenen mit „schlechter Führung" sollen in die Arrestbaracke zu den zur Erschießung bestimmten Gefangenen verlegt werden.[177]
Im Grunde genommen geht er bei seiner „Auswahl" nach Gutdünken und reiner Willkür vor. Besonderen Wert bei den „Begnadigten" legt er auf möglichst kräftige Männer, die sich noch in einem verhältnismäßig guten Ernährungszustand befinden.

---

[177] Anmerkung d. Verf. I. und H.P: Es ist nicht auszuschließen, daß diese Auswahl, die sich in den Folgetagen so nicht mehr darstellt, bereits beim Antreten der Gefangenen am 12.4.1945 vorgenommen wurde, was aber für den weiteren Verlauf nicht relevant ist.

Laufende Erschießungen an der Arrestbaracke sind auch heute an der Tagesordnung, als Herold sich seine zweite „Lieblingsgruppe", alle „V"- und „F"- Träger, vorführen läßt. [178] Es wird sich noch später [bei der Exhumierung der Leichen] herausstellen, daß es 23 Gefangene sind, die am Morgen in Begleitung von Justiz- und Wachbeamten unter Bewachung von Herolds Leuten zu dem Platz des Massengrabes vom Vortag gebracht werden.

Spätestens jetzt müssen wir davon ausgehen, daß **Albert Sommer** als „F"- Träger eines dieser Opfer ist, falls er nicht bereits zu den „Auserwählten" des Vortages zählte.

Die Gefangenen müssen auf Herolds Befehl südlich des Massengrabes ihr eigenes Grab schaufeln. [179]

Herold hat sich, wohl aufgrund der chaotischen Zustände am Vortag, etwas Neues einfallen lassen.

Alle Gefangenen müssen sich, nachdem man ihnen die Schaufeln abgenommen hat, in die nur bis zur Brusthöhe ausgehobene Grube stellen.

Ein Gefangener unternimmt noch einen letzten, verzweifelten Fluchtversuch. Herold läßt ihn durch Freitag ins Bein schießen. Dann wird er herangeschleift und ebenfalls in die Grube geworfen.

Nach einem kurzen Befehl Herolds peitschen kurz darauf aus den Handfeuerwaffen und aus Freitags Maschinenpistole wieder Schüsse durch das Moor, bis alle getötet sind.

Über das Zuschaufeln der Grube gibt es keine Aufzeichnungen, aber es wird dem Ablauf am Vortag ähneln.

---

[178] Anmerkung d. Verf. I. und H.P: Das „V" auf dem Rücken der Gefangenen ist nicht als Buchstabe zu verstehen, sondern als geschlossener Winkel. Mit ihm sind die Gefangenen gekennzeichnet, die mehrfach Fluchtversuche unternommen haben. Das „F" ist eine Abkürzung für Fluchtverdächtige mit einem Fluchtversuch.

[179] Anmerkung d. Verf. I. und H.P: Die Grabungsstelle ist nicht exakt identisch mit dem Lageplan im Buch von Pantcheff: a.a.O., S. 36.

Es muß kurz nach dieser zweiten Massenerschießung gewesen sein, als der Wegebaukalfaktor Pa… vom Platzmeister Fa… den Befehl erhält, mit sechs Gefangenen einen Handwagen vor der Arrestbaracke mit 15 aufgestapelten Toten, die alle mehrere Schußlöcher haben, aus dem Lager herauszufahren. Unter Aufsicht eines Justizbeamten, den alle „Bierkutscher" nennen, müssen sie die Toten direkt neben dem großen Massengrab begraben.

An dieser Stelle erscheint es mir zweckmäßig, eine kurze „Zwischenbilanz des Grauens" über die genaue Zahl der an dieser Stelle außerhalb des Lagers begrabenen Gefangenen zu ziehen. Die am 1.Februar 1946 durch die Engländer veranlaßte Exhumierung der Leichen an der südwestlichen Ecke des Lagers II beschreibt in dem Bericht das Auffinden von 136 Leichen in drei großen Gruben.

Die Verteilung in den einzelnen Gruben wird mit 98, 23 und 15 Opfern angegeben. [180]

Hierdurch wird deutlich, daß bei der Massenerschießung am 12.4.1945 tatsächlich die von Wegebaukalfaktor Pa… heimlich gezählten 98 Gefangenen ermordet wurden.

Bei den 23 Opfern handelt es sich zweifelsfrei um die ermordeten „V"- und „F"- Träger vom 13.4.1945. Diese Zahl wird auch noch durch den Polizeimeister Hin… in seiner Aussage vom 24.6.1948 erwähnt:

„… Nach dem Einrücken der polnischen Truppen hier in Burlage (23.4.1945) hörte ich, daß der in Burlage wohnhafte Wachmann Ke… von polnischen Soldaten wegen solcher Gefangenenerschießungen selbst erschossen worden sei. Etwa eine Woche nach dem

---

[180] Pantcheff: a.a.O. 1995, S. 103 u. 106. Anmerkung d. Verf. I. und H.P: Pantcheff unterliegt dem Irrtum, daß es sich bei den 23 Opfern nicht um diejenigen handelt, die durch alliierte Luft- und Artillerieangriffe umkamen, sondern um die „V"- und „F"- Träger, deren Ermordung er gar nicht zu kennen scheint.

23.4.1945 war Frau Ke… bei mir, d.h. bei mir in der Dienststelle und beklagte sich darüber, daß die Leute in Burlage erzählten, ihr Mann habe Gefangene erschossen. Ich sagte zu Frau Ke… darauf, daß ich gehört hätte, ihr Mann habe 23 Gefangene erschossen. Darauf antwortete sie mir, daß sie nur von drei solcher Erschießungen durch ihren Mann gehört habe." …

Die 15 Opfer in der dritten Grube sind die durch den Wegebaukalfaktor Pa… und seine Mitgefangenen begrabenen Häftlinge, die an der Arrestbaracke ermordet und mit dem Handwagen transportiert wurden.

Gefangenenjagd, Mord im Wald

Um 11.00 Uhr an diesem 13.4. befiehlt Schütte Zugführer Bernhard Meyer, sich nochmals auf die Suche nach entflohenen Gefangenen zu begeben. Von Herold erhält er noch den Auftrag: „Jeden, den Sie beim Plündern antreffen, erschießen Sie auf der Stelle!"

Ob es daran liegt, daß Meyers Leute noch mit den Einebnungsarbeiten am zweiten Massengrab beschäftigt sind, oder ob man sich erst noch stärken möchte, ist nicht bekannt.

Jedenfalls begibt „Schnurrbart"-Meyer sich erst nach dem Mittagessen mit dem halben Zug, und zwar Pellers und Eulers Gruppe, alle auf Fahrrädern, auf die Suche.

Auf der Fahrt Richtung Burlage werden die Suchgebiete eingeteilt. Man vereinbart, sich abends ab 18.00 Uhr in der Gastwirtschaft Cordes in Burlage zu treffen.

Durch viele nützliche Hinweise aus der Bevölkerung gelingt es, am Abend insgesamt acht Gefangene zur Gastwirtschaft Cordes zu bringen.

Meyer setzt sich sofort mit Herold im Lager II in Schüttes Büro in Verbindung.

Hier die wörtlichen Auszüge aus den Prozeßunterlagen: [181]

Frage: „Aber Herr Meyer, hatten Sie bereits den Befehl von
Hauptmann Herold, alle Gefangenen, die geplündert hatten, zu erschießen?"

Meyer: „Nein, nicht in dieser Form. Er erteilte mir den Befehl, direkt beim Plündern erwischte Gefangene auf der Stelle zu
erschießen. ..."

Frage: „Sie sprachen also mit Herold?"

Meyer: „Ja."

Frage: „Und wie reagierte Herold auf Ihren Bericht?"

Meyer: „Er brüllte ganz plötzlich los: >Liquidieren! < Ich sagte:
>Herr Hauptmann, ich verstehe Sie nicht. Herold sagte:
>Bestrafen Sie sie. < Ich sagte: >Herr Hauptmann, ich
weiß nicht, was Sie meinen, Sie müssen sich schon etwas
deutlicher ausdrücken. <

Frage: „Und was antwortete Herold darauf?"

Meyer: „Lassen Sie sie auf der Stelle erschießen."

Schütte, der neben Herold im Lager II das Gespräch mitbe-
kommt, bestätigt in etwa diesen Hergang:

Frage: „Was haben Sie gehört?"

Schütte: „Ich hörte, wie der Hauptmann Meyer anpfiff, weil der sich
offenbar geweigert hatte, den Schießbefehl auszuführen."

Frage: „Sie sagten, er war verärgert und wütend. Was für Aus-
drücke benutzte er?"

---

[181] Pantcheff: a.a.O. 1995, S. 43/44, 184 und 192.

Schütte:	„*Er benutzte abermals den Ausdruck >liquidieren<. Und: >Wenn Sie verdammter Idiot es nicht fertigbringen, komme ich selber hin und erledige das! <*"
Frage:	„*Haben Sie das als Scherz aufgefaßt, oder meinte er es ernst?*"
Schütte:	„*Das war kein Scherz.*"
Frage:	„*Sie sagten etwas von >liquidieren<.*"
Schütte:	„*Das war der Ausdruck, den Herold bei seinen Leuten benutzte für – jemand erschießen.*"
Frage:	„*Hat sich Herold nach dem Telefongespräch zu Ihnen darüber geäußert?*"
Schütte:	„*Er sagte nur: >Die sollen sich nicht so dämlich anstellen. Sonst greife ich selber ein:*"
Frage:	„*Meinte Herold damit, wenn Meyer und seine Männer die Erschießung nicht durchführten, würde er selber hingehen und Meyer samt seinen Leuten erschießen?*"
Schütte:	„*Er meinte, wenn sie es nicht täten, würde er es selber machen, und dann könnten sie was erleben.*"
Frage:	„*Hatten Sie den Eindruck, Herold würde Meyer erschießen, wenn er nicht tat, was man ihm aufgetragen hatte?*"
Schütte:	„*Wir mußten damit rechnen.*" …

In der Gastwirtschaft verkündet „Schnurrbart"- Meyer nach dem Telefongespräch, daß die acht Gefangenen erschossen werden müssen. Als Hinrichtungsort kann er sich das Wäldchen und die Wiese von Cordes hinter der Gaststätte vorstellen. Aber Cordes wehrt sich.

Schließlich geht Meyer auf die Suche nach einem Platz, und ihm scheint nach 1,5 bis 2 Kilometern ein Wäldchen jenseits des Kanals bei den Gehöften von Tetten und Behrens geeignet zu sein.

Die Gefangenen müssen draußen vor der Gastwirtschaft ihre Schuhe ausziehen und auf Socken gemeinsam mit Meyer und seinen Leuten zum Richtplatz gehen.

Nur Karolus, von allen Gefangenen wegen der Ähnlichkeit „Mussolini" genannt, bleibt im Gasthaus, um die Fahrräder zu bewachen.

Ein Augenzeuge berichtet, wie der Wachmann Brandt aus den Häusern an der Straße noch Spaten organisiert, und der Trupp am Denkmal vorbei zu dem Waldstück marschiert.

Hier läßt Meyer die Gefangenen ihr eigenes Grab schaufeln. An Gegenwehr ist in Anbetracht der in sicherer Entfernung stehenden, waffenstarrenden Wachmänner sicher nicht zu denken, erstaunlich für mich ist allerdings, daß alle Gefangenen ihr eigenes Grab schaufeln, obwohl sie wissen, daß sie gleich erschossen werden.

Die Gefangenen müssen am Rande der Grube in einer Reihe Aufstellung nehmen.

In sieben bis acht Schritten Entfernung, Auge in Auge, stehen acht oder neun Wachleute mit den Gewehren im Anschlag. Kurz darauf gibt Meyer von der Seite den Befehl: „Feuer!". Die Gefangenen brechen zusammen. Einer ist nicht tödlich getroffen. Meyer gibt ihm den Gnadenschuß. Das Grab wird zugeschaufelt.

Der halbe Zug Meyer geht zurück ins Gasthaus Cordes, und Meyer erstattet dem sichtlich erfreuten Herold Vollzugsmeldung.

Von den anschließenden Thekengesprächen gibt es keine Überlieferungen.

Während der Nacht schlafen die Wachleute in Burlage in verschiedenen Bauernhöfen.

Beim Frühstück am nächsten Morgen wird der Wachmann Brandt von seinem Kollegen gebeten, mit nach draußen zu kommen, er habe flüchtige Gefangene entdeckt. Brandt macht kurz darauf in einer Wiese zwischen einer Viehherde zwei kriechende Gestalten aus. Brandt ist ein guter Schütze, er zielt, und trifft genau in den Kopf. Bei der „Opferbesichtigung" stellt er fest, daß er einen zwölfjährigen Jungen erschossen hat, der mit seinem Freund spielte. [182]

Der 14.4.1945 beginnt für die Suchmannschaft so, wie der Vortag endete.
Es sind noch drei Gefangene aufgespürt worden. Meyer will wohl keinen weiteren „Anpfiff" riskieren, außerdem hat man ja jetzt auch schon eine gewisse Routine.
So werden auch diese drei Gefangenen, ohne nochmals mit Herold zu telefonieren, zum Hinrichtungsplatz vom Vorabend geführt, müssen neben der noch frischen Erde ebenfalls ihr eigenes Grab schaufeln, und sich dann mit dem Gesicht zur Grube an den Rand stellen.
Drei Männer aus Meyers Zug nehmen hinter den Gefangenen Aufstellung.
Links Euler, in der Mitte Widhalm [„Stumpen", wegen der fehlenden rechten Hand] und rechts Frerichs.
Fast gleichzeitig ermorden Euler und Widhalm [das eingespielte Team vom „Todesmarsch der Krücken"] „ihre" Gefangenen mit einem Genickschuß aus den Pistolen. Nur Frerichs´ Gefangener steht noch. Seine Pistole hat Ladehemmung. Widhalm bemerkt das sofort, drängt mit seinem rechten Arm Frerichs zur Seite, um als Linkshänder seine Schußposition einzunehmen und erschießt nun auch den dritten Gefangenen.

„Bunter Abend"

Herold ist am 13.4.1945 im Lager II nicht untätig gewesen. Es muß etwas Abwechslung zum Wochenende geben. Ob auch das Gewissen oder die Psyche nach den Greueltaten eine Ablenkung

---

[182] Pantcheff: a.a.O. 1995, S. 47.

benötigt, ist kaum anzunehmen, betont Herold doch später im Prozeß, daß weder ihm noch Hoffmeister oder den anderen die Erschießungen etwas ausgemacht haben.

Durch seinen Burschen Rudi hat er erfahren, daß sich im Lager ein ehemaliger Kabarettist und Regisseur sowie mehrere Bühnendarsteller und Schauspieler befinden. Er beauftragt Rudi damit, eine Gefangenentruppe zusammenzustellen, die einen „Bunten Abend" gestalten soll.

An diesem Tag teilt er auch dem Standortkommandanten in Leer mit, daß er demnächst einige hundert „Begnadigte" für die Wehrmacht überführen lassen werde.

Obergefreiter Freitag ist inzwischen vor der Arrestbaracke damit beschäftigt, einen Teil der „Begnadigten" singen zu lassen. Sie absolvieren gerade „Sport" in Form von Kniebeugen und anderen Lockerungsübungen, als Herold sich nähert. Freitag erstattet auf militärische Art Meldung. Dann hält Herold den Gefangenen, in seiner Uniform mit weißem Seidenschal, in sehr höhnischer Art eine Ansprache. Die Gefangenen hätten ihre Begnadigung nur einem Sonderbefehl des Reichsverteidigungskommissars Wegener zu verdanken, um durch den Dienst in einem Sonderbataillon der Wehrmacht ihre Vergehen abzugelten. [183]

Diese höchst aufschlußreiche Ansprache läßt vermuten, daß es Gespräche zwischen dem Reichsverteidigungskommissar Wegener und „Hauptmann" Herold gegeben hat, und die „Begnadigung" der Gefangenen nicht in der Ursprungsabsicht Herolds lag, sondern von der Gauleitung als letztes „Verstärkungsaufgebot" am Ende des Krieges eingefordert wurde. [184]

---

[183] Film von Meyer/Kersting: Der Hauptmann von Muffrika. Eine Geschichte aus den letzten Kriegstagen im Emsland. Bericht eines Gefangenen als Augenzeuge.

[184] Anmerkung d. Verf. I. und H.P: Insofern könnte der Schlußfolgerung in Kosthorst/Walter: a.a.O. 1983, S. 3090, nach der Herold außer den Grausamkeiten auch Begnadigungen [also etwas Gutes] vorgenommen hat, nicht zugestimmt werden.

Herold hat seine Rede gerade beendet, als ein Bauer mit einem Pferdefuhrwerk ins Lager fährt, an dem drei Gefangene angekettet sind.

Herold geht zu ihnen, beschimpft und schlägt sie. Dann winkt er Freitag zu sich und befiehlt ihm, die drei Gefangenen zu erschießen.

Natürlich kommt Freitag auch jetzt dem Befehl nach. Er kettet den ersten Gefangenen ab, befiehlt ihm, die Schuhe auszuziehen [eine Anordnung des ehemaligen Platzmeisters Hagewald], und sich niederzuknien. Dann setzt er ihm seine Pistole 7,65mm in den Nacken, und erschießt ihn nur wenige Meter neben der Eingangsfront der Arrestbaracke vor den Augen von Herold und den angetretenen „Begnadigten".

Ebenso verfährt Freitag mit dem zweiten Gefangenen. Der dritte Häftling beruft sich bei dem anwesenden Oberwachtmeister Euler darauf, daß er doch begnadigt sei. Obwohl Euler die auf Wahrheit beruhende Behauptung gegenüber Herold bestätigt, kommt nur die Antwort: *„Dafür ist es jetzt zu spät."* Ein Wink, und Freitag erschießt auch den dritten Gefangenen.

Einem Augenzeugen fällt auf, daß er Freitag nie ohne Zigarette gesehen hat, selbst beim Töten der Gefangenen behielt er die Zigarette in der Hand.

Noch in der Nacht vom 13. auf den 14.4.1945 marschieren etwa 400 „begnadigte" Gefangene unter der Führung des Wachmannes Kö… nach Leer und Aurich. 60 Gefangene werden in Leer in Wehrmachtsuniformen eingekleidet, der Rest marschiert weiter nach Aurich.

Auch August Pa…, der Wegebaukalfaktor, der uns schon vom Ausheben der großen Grube und der Beerdigung der 15 Leichen auf dem Handwagen bekannt ist, verläßt mit dem Gefangenenzug das Lager II.

Am nächsten Tag werden noch etwa 120-130 „Begnadigte" folgen.

Herolds Bursche Rudi ist erfolgreich gewesen. Er hat unter den Gefangenen den Kabarettisten und Regisseur Heinz Kukkelsberg-Alexander (von den Mitgefangenen „Roger" genannt) gefunden, der jetzt bemüht ist, einen lustigen „Bunten Abend" zu organisieren. Es ist zwar nicht gesichert, ob die Veranstaltung mit den Lagerbeamten und ihren Frauen an diesem Freitag oder am Samstag, 14.4.1945, stattfand, aber glaubt man Herolds Ausführungen, muß die Feier prächtig gelungen sein:

> *„... Wir haben uns blendend amüsiert: es waren viele Lagerbeamte mit ihren Frauen da, ungefähr die Hälfte der Wachmannschaft und sonstiges Personal... Wir haben alle ganz schön gebechert, aber ich war nicht betrunken. – Betrunken war ich im Lager nur einmal, als ich zwei Flaschen Rotwein, in die ich Zucker geschüttet hatte, gekippt habe. In meinem Suff hab ich die ganze Einrichtung im Friseurladen zertrümmert. ..."* [185]

Ich hätte zu gerne gewußt, ob Schütte wieder mit Leuten aus seinem Musikzug einen Beitrag leistete. Leider konnte ich es nicht feststellen. Er ist wohl im Prozeß nicht danach gefragt worden.
Überliefert ist jedoch, daß Lagerleiter Hansen Mühe hatte, um 22.00 Uhr die beteiligten Gefangenen wieder „hinter Draht" zurückzubringen.

Noch fünf Tage Lagerterror

Das Ordnungsgefüge im Lager ist mittlerweile endgültig zerbrochen. Herold und seine Soldaten schalten und walten, wie sie wollen. Die Tatsache, daß ständig weitere Gefangene erschossen

---

[185] Pantcheff: a.a.O. 1995, S. 89.

werden, scheint weder die Verantwortlichen im Lager noch in der Zentralverwaltung besonders zu stören.

Lagerleiter Hansen beschwert sich zwar bei Dr. Thiel darüber, daß Herold und seine Männer ständig der Wäscherei, Schneiderei und den anderen Werkstätten befehlen, für sie zu arbeiten, über Opferzahlen oder gar Namenslisten kann er aber keine Auskunft geben.

Der Beschwerde muß Dr. Thiel natürlich nachgehen. Er beauftragt seinen Stellvertreter Dr. Ottinger, mit Herold zu sprechen. Nicht, daß es ihm darum geht, weitere Erschießungen zu verhindern. Nein, Dr. Ottinger soll Herold nur sagen, daß er seine Befugnisse im Lager überschritten habe.

Am Samstagnachmittag, 14.4.1945, fährt Dr. Ottinger zum Lager II Aschendorfermoor und spricht mit Herold. Der verspricht ihm, sich in Zukunft entsprechend zu verhalten und fügt noch hinzu, daß seine Mission zum Abschluß gekommen sei. Er gibt Dr. Ottinger auch noch die angebliche Zahl der Hingerichteten an, aber für Dr. Ottinger scheint das so unwichtig zu sein, daß er sich später nur an eine Zahl „um die 140 oder 170 herum" erinnern kann.

Als er bei dieser Gelegenheit noch vom Lagerleiter Hansen die Zahlen der auf dem Marsch vom Lager I geflohenen und wieder ergriffenen Gefangenen haben möchte, muß Hansen gestehen, daß es weder irgendwelche Zahlen gibt, geschweige denn Namenslisten über diese beiden Kategorien existieren.

Ein eindeutiges Indiz dafür, daß seit der Zusammenlegung aller Gefangenen im Lager II keine Vollzähligkeitskontrollen oder sonstigen Zählungen durchgeführt wurden.

Eine eventuell vorliegende Namensliste der erschossenen Opfer ist noch nicht einmal Gegenstand des Gespräches. Bereits nach 20 Minuten verläßt Dr. Ottinger wieder das Lager.

Die Zustände im Lager ändern sich in den nächsten Tagen nicht. Gefangene werden gequält, zusammengeschlagen und erschossen. Herold und seine Truppe sind unberechenbar.

An einem Tag kommt Hauptmann Kathim mit seinem Stab zur Besichtigung ins Lager. Herold führt sie ohne Genehmigung durch das Lager, und bietet seinen Besuchern „hinter Draht" ein besonderes Schauspiel.

Freitag muß einen Gefangenen durch den Feuerlöschteich neben der Lagerstraße waten lassen.

Alle Offiziere lachen und amüsieren sich köstlich, als dem Gefangenen das Wasser bis zur Brust geht. Herold wird ihnen schon verdeutlicht haben, daß es sich bei den Gefangenen, wie er sich immer ausdrückt, um den „Abschaum der Menschheit" handelt.

Während dieser Tage denunzieren Häftlinge einen ihrer Mitgefangenen bei Herold dahingehend, daß der behauptet hätte, eine Frau auf dem Marsch vergewaltigt zu haben.

Herolds angeordnete Suche in den Baracken verläuft ergebnislos, und obwohl für ihn die Angelegenheit schon abgeschlossen ist, verraten Mitgefangene das Versteck des „Täters".

Der beteuert vehement, die Tat nicht begangen zu haben, er habe doch nur vor den Mitgefangenen angeben wollen. Herold befiehlt dennoch die Erschießung. Freitag tötet den Gefangenen an der Arrestbaracke durch Genickschuß.

Eine Vergewaltigung durch Strafgefangene aus dem Lager II hat es nie gegeben.

Bis zum 18. April 1945 gibt es weitere ungezählte und nicht dokumentierte Erschießungen im Lager.

Am 19. April 1945 gehen die Alliierten nach einem Artilleriebeschuß am Vortag zu heftigen Luftangriffen über, weil angeblich in der Nähe des Lagers II deutsche Artillerie in Stellung gegangen ist.

Obwohl der Standort (und wohl auch die Bedeutung) des Lagers den Engländern mindestens seit 1944 bekannt ist [eine entsprechende englische Karte des War Office (Kriegsamt) liegt mir vor], wird es unter Beschuß genommen.

Die oft zu lesende Erklärung, man habe die deutsche Artillerie ausschalten wollen, und es handele sich nur um einen Kollateralschaden, [186] kann ich nicht nachvollziehen, da durch die englische Luftwaffe neben Sprengbomben auch Brandbomben für die Vernichtung von Gebäuden eingesetzt wurden.

Die erste Bombe trifft die Küchenbaracke. Als etwa 30 Gefangene versuchen, noch Lebensmittel aus den Trümmern zu retten, werden sofort einige durch Herolds Leute erschossen.

Bald steht durch weitere Brandbomben eine Baracke nach der anderen in Brand.

Lagervorsteher Hansen erkennt die Gefahr und die aussichtslose Lage der Gefangenen und läßt die Tore öffnen, um ihnen Gelegenheit zu geben, dem Feuer zu entkommen, und vor den Fliegerangriffen in Deckung zu gehen.

Herold möchte es gerne verhindern, kann dann aber doch nichts daran ändern.

Denkt er immer noch an eine seiner Lieblingsaussagen: „Kein Gefangener wird dem Feind in die Hände fallen!" Will er einfach die noch lebenden etwa 2.500 Gefangenen im Bombenhagel und im Feuer umkommen lassen?

Das gesamte Lager brennt vollständig nieder, und mit ihm auch alle Personalakten der Gefangenen, Unterlagen, Aufzeichnungen und Dokumente.

Damit ist auch der Grund gefunden, warum es aus dem Lager II Aschendorfermoor so wenige, verwertbare Unterlagen gibt.

Auch **Albert Sommers** Gefangenenakte mit dem Kriegsgerichtsurteil und anderen Eintragungen geht in Flammen auf.

Es ist nicht bekannt, wie viele Gefangene durch die Luftangriffe der Engländer getötet werden.

---

[186] Kollateralschaden = unbeabsichtigter Begleitschaden.

Abb. 64: Lager II Aschendorfermoor nach dem
Luftangriff der Engländer
am 19.April 1945. [187]

(Die Anlagen sind noch gepflegt, die Aufnahme
mit Neugierigen am linken Bildrand muß kurz nach dem
Einmarsch der Alliierten aufgenommen worden sein)

---

[187] Archiv Paul Meyer, Freiburg.

Abb. 65: Einige Opfer des Luftangriffes der
Engländer am 19. April 1945. [188]
(Auch hier sind den Leichen die Schuhe ausgezogen worden)

Abb. 66: Aufnahme des zerstörten Lagers aus einer späteren Zeit. [189]

---

[188] Archiv Paul Meyer, Freiburg.
[189] Ebda.

Viele Gefangene bleiben in der Nähe des Lagers, werden von rückflutenden deutschen Soldaten der Polizei überstellt, oder vom Bürgermeister in Papenburg in Schulen, Lazaretten und anderen öffentlichen Gebäuden untergebracht. Ein Auszug aus einem Schreiben des Bürgermeisters von Papenburg an den Landrat in Aschendorf vom 14.6.1945 verdeutlicht die Lage:

„Nach der Befreiung der Strafgefangenen aus den einzelnen Lagern waren sämtliche Befreiten sofort hilfsbedürftig. Der größte Teil dieser Personen meldete sich beim hiesigen Wohlfahrtsamt. Die Befreiten erhielten nach genauer Prüfung als erste Hilfe Gutscheine über Lebensmittel, sowie für Unter- und Oberkleidung in Höhe der vom Wirtschaftsamt bezw. Ernährungsamt ausgestellten Bezugsscheine. Durch diese erste Hilfe sind der Stadt Papenburg bisher Ausgaben in Höhe von etwa 10000 RM entstanden. Unter den Befreiten befanden sich Kranke und Verwundete, die sofort in einem Lazarett untergebracht werden mußten. Es wurden zwei provisorische Lazarette in Papenburg eingerichtet, und zwar Lazarett „Lager Bunte" Deverweg und der frühere Kindergarten „Lazarett Birkenallee". An Pflegekosten usw. sind in diesen Lazaretten der Stadt bisher annähernd 11000 RM entstanden. Diese Beträge werden sich noch erhöhen, da die im Lazarett Bunte Untergebrachten und nach ihrer Genesung zur Entlassung kommenden sofort eingekleidet werden müssen. Es ist unmöglich, daß die Stadt Papenburg diese Kosten allein tragen kann. ..."

Der Bürgermeister führt dann die einzelnen Konten für das Lager mit einer Gesamtsumme von fast 150.000,- Reichsmark auf. Sogar auf Schüttes Musikzugkonto befinden sich noch 601,82 RM.

„An diesen Konten könnte sich der Kreis bezw. die Gemeinden des Kreises, letztere werden wohl auch namhafte Beträge für diese Zwecke ausgegeben haben, einschließlich der Stadt Papenburg schadlos

halten. Die Bezahlungen der Rechnungen durch diese Konten ist begründet, da die Befreiten infolge <u>Verschuldens bezw. gänzlichen Versagens der Zentralverwaltung der Strafgefangenenlager plötzlich hilfsbedürftig geworden sind, denn wäre der Abtransport, wie beabsichtigt, rechtzeitig durchgeführt, so wäre die Katastrophe vermieden worden.</u>" ... [190] [191]

Herold verläßt mit seinen Soldaten noch am 19.4.1945 nach der Vernichtung das Lager und zieht mit seiner Mordtruppe über Papenburg, Leer und Aurich eine Blutspur mit etlichen weiteren Opfern.

Albert Sommer hat nicht überlebt. Für ihn ging Herold eine Woche zu spät.

Am 20. April 1945, Hitlers Geburtstag, rollen die englischen Panzer mit der „Poland" – Besatzung (polnische Soldaten) am Lager II vorbei, und am 22. April wird Papenburg von den Alliierten eingenommen.
Obwohl die ohnehin belastenden Kriegshandlungen in diesem Gebiet vorbei sind, müssen jetzt große Teile der Bevölkerung in den näheren und weiteren, von den Siegern besetzten Landesteilen neue Grausamkeiten von den polnischen und vor allen Dingen den kanadischen Besatzungssoldaten über sich ergehen lassen. Plünderungen, Raub und Vergewaltigungen von Frauen und Mädchen sind an der Tagesordnung, Häuser werden in Brand gesetzt oder gesprengt, Tiere getötet und landwirtschaftliche Geräte zerstört. [192]
Es muß eine furchtbare Zeit gewesen sein.

---

[190] Kosthorst/Walter: a.a.O. 1983, S. 1421 u. 1422.

[191] Kenntlichmachung des Textes durch die Verfasser I. und H.P.

[192] URL: http://www.heimatverein-werlte.de. Stand: 10.10.2013.
URL: http://www. Rhaude.de: a.a.O.

Verfolgung, Bestrafung, Tod

Verhaftungen

Ende April setzt sich Herold mit sieben Soldaten und einigen „begnadigten" Gefangenen, die er zu seiner Leibgarde ernannt hat, nach Aurich ab.
Auch Freitag und Hoffmeister, der Flakschütze des ersten Massakers, sind noch bei ihm.
Bei der überaus eifrigen und rücksichtslosen „Ausübung ihres Dienstes" fallen sie durch nicht vorgesehene Überprüfungen von Zivilpersonen auf, und geraten dadurch selbst in das Visier der Heeresstreife.
„Hauptmann" Herolds Glückssträhne ist vorbei. Am Montag, 30.4.1945, dem Tag, an dem sein „Führer" Adolf Hitler Selbstmord begeht, werden Herold und „seine" Soldaten in dem Quartier „Hotel Schwarzer Bär" um 23.45 Uhr festgenommen. [193]
Nach gründlichem Verhör durch die Gestapo verstrickt Herold sich derart in Widersprüche, daß er schließlich seine Enttarnung selbst vornimmt und die Hinrichtungen im Lager II Aschendorfermoor gesteht.
Am 3. Mai 1945 beginnt gegen ihn der Prozeß vor dem Marinegericht in Norden. Er wird wegen Mordes und Amtsanmaßung angeklagt. Der Ankläger fordert die Todesstrafe.
Nach der Vertagung des Gerichtes auf den 4.5.1945 taucht unser alter Bekannter Urbanek auf, der bisherige Kradmelder des Kreisleiters Buscher, der sich beim Einmarsch der Alliierten am 22.4.1945 in Papenburg „umorientiert" hat, am gleichen Tag der SS beigetreten ist und jetzt als SS – Untersturmführer im Sonderbataillon Emsland in Friedeburg seinen Dienst versieht.

---

[193] Kosthorst/Walter: a.a.O. 1983, S. 3159 und 3160.

230

Urbanek verlangt Herolds Freilassung. Obwohl sich der Ankläger natürlich wehrt, verfügt sein Vorgesetzter nach einer Besprechung am Nachmittag, an der auch Urbanek teilnimmt, Herolds Freilassung auf Bewährung im Sonderbataillon Emsland.
Kurz darauf verlassen Urbanek und Herold die Gerichtstätte, und Herold wird zum Bataillon in der Nähe von Borgstede, etwa 25 km südlich von Wilhelmshaven, gebracht. [194]
Die Spur von Freitag, Hoffmeister und den übrigen Soldaten verliert sich in diesen Tagen.
Zwei Tage später ist auch in diesem Gebiet der Krieg zu Ende.

Schornsteine müssen immer gefegt werden, und so arbeitet Willi Herold bald darauf wieder in seinem erlernten Beruf als Schornsteinfegergeselle in Wilhelmshaven.
Besonders gut scheint es ihm nicht zu gehen, als er am 23.5.1945 in Wilhelmshaven von der Royal Navy festgenommen wird, weil er ein Brot gestohlen hat. [195]
Nur mit einigem Aufwand ist es mir aus kleinen Hinweisen und Nebensätzen verschiedener Unterlagen gelungen, in etwa den Aufenthalt Willi Herolds in dem nächsten halben Jahr zu rekonstruieren. [196]
Sehr wahrscheinlich kommt Herold zunächst in das britische Internierungslager C.I.C. Nr. 9, daß im ehemaligen Emslandlager VII Esterwegen eingerichtet wurde.

---

[194] Kosthorst/Walter: a.a.O. 1983, S. 3163. Pantcheff: a.a.O. 1995, S. 136.
[195] Pantcheff: ebd., S. 67 und 136.
[196] Anmerkung d. Verf. I und H.P: Leider klammert der spätere Ermittler des englischen Militärgerichtes T.X.H. Pantcheff in seinem Buch „Der Henker vom Emsland" diesen Zeitraum komplett aus.

Ermittlungen

Im September erfahren die Engländer aus Aussagen von Kriegsgefangenen, daß Angehörige verbündeter Nationen, hauptsächlich französische und belgische Gefangene aus der Resistance, in einem der Emslandlager getötet worden seien. [197] Bei dieser Gelegenheit fällt auch der Name Herold, der über 100 deutsche Gefangene erschossen haben soll, jetzt aber offenbar spurlos verschwunden ist.

Major Pantcheff erhält als „Interrogator" [Ermittler in Strafsachen] den Auftrag, mit einem Ermittlungsteam die Vorkommnisse aufzuklären. [198]

Der Fahndungserfolg kommt schnell. Noch im gleichen Monat wird die Anwesenheit Herolds im Lager C.I.C. Nr. 9 Esterwegen herausgefunden.

Herold ergeht es mit vielen anderen Kriegsverbrechern jetzt so, wie er es selbst im Lager II Aschendorfermoor erlebt und „mitgestaltet" hat. Mit dem Unterschied, daß er die Rollen getauscht hat. Er ist jetzt unter Aufsicht der Sieger der **„Pattjacke"**, wie sagte er doch immer: **„Der Abschaum der Menschheit"**.

Die Verpflegung bei den Engländern ist so schlecht, daß er kaum noch gehen kann, und bei einem Verhör durch einen Offizier vom Secret Service wird Herold derart heftig geschlagen, daß er an Blutungen leidet und behandelt werden muß. Aus Angst vor weiterer Folter macht er sogar vier Monate später vor dem Ermittler eine Falschaussage, die er aber im Prozeß widerruft. [199]

Sein weiterer Weg führt ihn zunächst nach England in das Kriegsgefangenenlager Nr. 17 Cheffield, wo er seine „alten Be-

---

[197] Anmerkung d. Verf. I. und H.P: Es handelt sich hierbei um die „Nacht- und Nebelgefangenen".

[198] Pantcheff: a.a.O. 1995, S. 69 und 71.

[199] Kosthorst/Walter: a.a.O. 1983, S. 3156 und 3157.

kannten" Euler und „Schnurrbart" Meyer wiedersieht. Danach kommt er in das Kriegsgefangenenlager Nr. 186 Cholchester. [200] Im Januar 1946 wird Willi Herold wieder nach Esterwegen überführt, wo es am 26.1.1946 zur ersten Begegnung und zum Verhör durch den Ermittler Major Pantcheff kommt. [201]

Exhumierung

Wer anklagen will, muß erst feststellen, ob und wie viele Opfer es gegeben hat. Die Untersuchungskommission veranlaßt deshalb für den 1. Februar 1946 die Exhumierung der Erschossenen. Ab 30. Januar 1946 wird an vielen markanten Stellen im Raum Papenburg und Aschendorf folgende Bekanntmachung der Militärregierung angeschlagen: [202]

---

[200] Kosthorst/Walter: a.a.O. 1983, S. 3148 und 3154.
[201] Kosthorst/Walter: a.a.O. 1983, S. 3157 – 3159.
[202] Archiv T.X.H Pantcheff.

Bekanntmachung.

Auf Anordnung der Militärregierung haben sich

alle Parteimitglieder der NSDAP.,
Mitglieder der SS, Mitglieder der SA
von Papenburg und Aschendorf

am Freitag, dem 1. Februar 1946,

morgens um 9,30 Uhr beim Lager II,

Aschendorfermoor, einzufinden.

Alle Personen, welche in einem Arbeits=
verhältnis stehen, sind für diesen Zweck von
der Arbeit befreit.

Aschendorf, den 30. Januar 1946.

Der Landrat.

Abb. 67

Der 1. Februar ist ein naßkalter Tag mit Temperaturen um den Gefrierpunkt. Nieselschauer fegen, getrieben von einem scharfen Wind über das Moor, als sich mehrere hundert Männer, Frauen und Jugendliche am ehemaligen Lagertor des Lagers II Aschendorfermoor versammeln.

Aus dem Lager Nr. 101 C.I.C. Esterwegen sind 50 Internierte als Grabungsmannschaft zum Lager II gebracht worden. Unter ihnen auch Willi Herold und der ehemalige Lagervorsteher Setzer. Beide waren während der Massaker im Lager und sollen jetzt zeigen, wo ihre eigenen Opfer verscharrt wurden.

Es werden drei Grabbereiche von Herold und Setzer angegeben, einer direkt südlich neben dem Lagereingang, ein weiterer außerhalb des ehemaligen, gesonderten Stacheldrahtzaunes neben der Arrestbaracke, und der dritte , bestehend aus drei großen Gruben, an der südwestlichen Ecke des Lagers außerhalb der Lagerumzäunung.

Während der Exhumierung der Leichen aus den mit Blutweiderich und Gras bewachsenen Gruben müssen die anwesenden Bewohner aus Papenburg und Aschendorf die Ausgrabungen ständig umkreisen.

Eine Maßnahme, die, wie wir heute wissen, Teil der unrechtmäßigen alliierten Politik nach dem Krieg war, allen Deutschen eine Kollektivschuld aufzubürden.

Insgesamt werden 195 Leichen gefunden, deren Fundstellen hier noch einmal aufgeschlüsselt werden: [203]

In den drei großen Gruben:	136 Opfer
Vor dem Lagereingang:	13 Opfer
Neben der Arrestbaracke:	46 Opfer

---

[203] Kosthorst/Walter: a.a.O. 1983, S. 3297. Pantcheff: a.a.O. 1995, S. 102/103.

Abb. 68: Marsch der Grabungskolonne zum Lager II
Willi Herold 1. Reihe rechts. [204]

Abb. 69: Umkreisung der Ausgrabungsfläche durch
Aschendorfer und Papenburger NSDAP – Bürger. [205]

---

[204] Archiv Paul Meyer, Freiburg.
[205] Ebda.

Schon der Ermittler Pantcheff hat in einer Analyse versucht, die Anzahl und die Zuordnung der Opfer zu ermitteln. Er legt zwar Wert auf mathematische Exaktheit, kommt aber zwangsläufig [wie bereits unter Fußnote 180 auf Seite 214 ausgeführt] zu falschen Ergebnissen und bekennt in seinem Buch:

„Es gab und gibt keine Möglichkeit, genau zu erfahren, wie viele Häftlinge auf welche Weise umkamen oder ob anderswo weitere Leichen begraben und bisher nicht ans Licht gekommen sind." [206]

Auch mir läßt die Zuordnung der „Herold – Opfer" und der „Alliierten – Bombenopfer" natürlich keine Ruhe.
Durch die intensiven Recherchen können mit Sicherheit die 136 Opfer in den drei großen Gruben zugeordnet werden:

Grube 1: 98 Opfer 1. Massaker. Ermordung der Regimegegner aus „Thiels Liste" am 12.4.1945, 19.00 – 20.00 Uhr.

Grube 2: 23 Opfer 2. Massaker. Ermordung der „V" – und „F" – Träger am 13.4.1945, morgens.

Grube 3: 15 Opfer An der Arrestbaracke erschossene, wiederergriffene Gefangene, die, gestapelt auf einem Handwagen, am 13.4.1945 nach dem 2. Massaker hier hergebracht wurden.

Bei der Zuordnung der 46 Opfer neben der Arrestbaracke, außerhalb des dort zusätzlich vorhandenen Stacheldrahtzaunes, und der 13 Opfer direkt links am Lagereingang kann ich nur von verschiedenen Denkmodellen ausgehen:

---

[206] Pantcheff: a.a.O. 1995, S. 106.

Modell 1:   Es handelt sich um 46 „Herold – Opfer"
und 13 „Bombenopfer".

Modell 2:   Es handelt sich um 46 „Bombenopfer"
und 13 „Herold – Opfer".

Bei beiden Modellen ist zu berücksichtigen, daß mit den Bombenopfern auch noch Gefangene begraben wurden, die durch Herolds Soldaten wegen der Lebensmittelsicherstellung nach dem Zerbomben der Küchenbaracke erschossen worden sind. Für die Annahme, daß es sich bei dem Grab neben der Arrestbaracke um gemischte „Herold"- und „Bombenopfer" handelt spricht die Vermutung, daß während des Betriebes des Lagers hier kaum Opfer begraben wurden.

Modell 3:   Es handelt sich um 46 + 13, also 59 „Herold – Opfer".

Diese Überlegung bedeutet natürlich gleichzeitig, daß das „gemischte Grab mit „Herold – Opfern" und „Bombenopfern" noch gar nicht gefunden worden ist.
Der Gedankengang stützt sich darauf, daß die „Bombenopfer" erst einige Tage nach der Lagerauflösung auf Anordnung der polnischen Soldaten durch ehemalige Gefangene begraben wurden. [207] Diese Begräbnisstellen waren am 1.2.1946 vor der Exhumierung weder Herold noch Setzer bekannt, da beide die Beisetzung einige Tage nach dem 19.4.1945 nicht miterlebt haben.

---

[207] Pantcheff: a.a.O. 1995, S. 103 und 106. Er spricht von [mehreren] Gräbern, die für die noch im Gelände verstreuten Leichen ausgehoben werden sollten.

Außerdem meldete Herold beim Kreisleiter Buscher 59 Erschossene. Zufall??

Leider muß ich mich ebenfalls nur mit einem Teilerfolg zufrieden geben. Es haben weder über die Morde in der Zeit vom 11.4.1945 bis 19.4.1945 durch Herold noch über die Toten der Bombardierung Aufzeichnungen, Namenslisten oder verläßliche Schätzungen vorgelegen.

Mit einer Ausnahme.

Nach dem Kriege wird von den Engländern eine Abwicklungsstelle durch den Generalstaatsanwalt in Oldenburg, bestehend aus fünf Personen gebildet, untergebracht in zwei Räumen im Nebengebäude des Amtsgerichtes in Papenburg.

Ziel ist die gesamte Abwicklung und Auflösung der Gefangenenlager.

Die Abwicklungsdienststelle ist unter anderem von der Militärregierung verpflichtet worden, wöchentlich einen Sachstandsbericht zu erstellen.

Im zweiten Wochenbericht vom 10.12.1945 wird mit einem einzigen Satz erwähnt:

„Inzwischen sind 41 Namen von den etwa 200 Erschossenen und weiteren Vermißten aus Lager II festgestellt worden".

Während die Namen von 43 „Nacht – und Nebelgefangenen", die zwar absolut nichts mit den Erschossenen zu tun haben, an deren Aufklärung die Engländer aber wohl besonders interessiert sind, in dem Wochenbericht im Detail aufgelistet sind, werden die 41 Namen der Erschossenen Gefangenen weder genannt, noch als Anlage beigefügt. [208]

---

[208] Anmerkung d. Verf. I. und H.P: Eine zusätzliche Rückfrage bei dem Staatsarchiv in Osnabrück hat ebenfalls zu keinem Ergebnis geführt.

```
Generalstaatsanwalt                      Papenburg, den 10. Dezember 45
    Oldenburg                                              00014
Verwaltung Strafgefangenenlager
       Emsland                                              14


An

die Militärregierung
in
   Aschendorf.

Betrifft: Auflösung der Strafgefangenen=
         lager.

2 Anlagen.


        Wochenbericht für die Zeit vom 4. - 10. Dezember 1945.

        Die Erledigung der Eingänge schreitet weiter vorwärts.
Am 8. Dezember 1945 traf vom Generalstaatsanwalt in Olden-
burg ein Paket mit etwa 1000 Briefsendungen ein, die sich
ebenfalls im Laufe der Monate angesammelt haben und noch
zu erledigen sind. Mit der Sichtung dieser Eingänge ist
ebenfalls begonnen worden.
        Den auf der Dienststelle erschienen ehemaligen Straf-
gefangenen wurden auf Wunsch Bescheinigungen über den Zeit-
raum ihres Aufenthalts in den ehemaligen Strafgefangenen-
lagern und zum Teil auch über die Straftat, die zu ihrer
Verurteilung führte, ausgestellt.
        Den erschienen Beamten, Angestellten und Wachtmännern
wurden auf Wunsch die verschiedensten Auskünfte erteilt.
        In der Anlage überreiche ich Abschrift eines Schreiben
eines ehemaligen Strafgefangenen, in den Anschuldigungen
gegen Wachtmänner des ehemaligen Strafgefangenenlagers VII
erhoben werden, mit der Bitte um gefl. Kenntnisnahme. Im
übrigen ist die Beantwortung des Briefes ,soweit erforder-
lich, von hier aus erfolgt. Es handelt sich bei dem Kanti-
nenwirt um Herrn Fernholz, dessen nähere Anschrift mir nicht
bekannt ist. Die Namen des Zugführers und des Führers der
Wachtmannschaft sind mir nicht bekannt,da diese Posten
einem häufigen Wechsel unterworfen waren.
        Inzwischen sind 41 Namen von den etwa 200 Erschossenen
und weiteren Vermissten aus dem Lager II festgestellt worden.
        An Hand der in meinem Wochenbericht vom 3. Dezember
1945 bereits erwähnten, von der Haftanstalt in Lingen
zur Verfügung gestellten Listen, habe ich die nachstehende
Aufstellung angefertigt, aus der die Straftaten der in den
früheren Strafgefangenenlagern eingesessenen Strafge-
fangenen sich ergeben. Als Grundlage habe ich den Monat
Januar 1941 und 1944 gewählt.
```

Abb. 70: Wochenbericht mit dem hoffnungsvollen Satz
ohne Einzelnamen [209]

---

[209] Niedersächsisches Landesarchiv – Staatsarchiv – Osnabrück, Rep 947 Lin I
Nr. 548(Bl. 14, Akten der ehemalige Emslandlager Ordner Nr. 170).

Die exhumierten Opfer werden von einer Anzahl Freiwilliger [??] untersucht, eine Identifizierung ist allerdings in keinem Falle möglich.

In einem Gottesdienst, geleitet von einem evangelischen und einem katholischen Geistlichen, erhalten die Opfer in Gegenwart des Ermittlers und drei weiterer Offiziere neben dem ursprünglichen Massengrab an der südwestlichen Ecke des Lagers eine würdige Beisetzung.

Die Presse und offizielle Fotografen der Engländer halten alle Situationen fest. Die Anwesenheit des Grabungskommandos mit Herold und anderen Tätern sowie der „Zwangszuschauer" während der Beisetzung ist nicht dokumentiert. [210]

Abb. 71: Grabungsmannschaft während der Exhumierungsarbeit. [211]

---

[210] Pantcheff: a.a.O. 1995, S. 102/103 und 107.
[211] Archiv Paul Meyer, Freiburg.

Abb. 72: Bürger beim befohlenen Rundgang um
die Exhumierungsstätte. [212]

Abb. 73: Ein Bruchteil der geborgenen Opfer,
im Hintergrund das zerbombte Lager II Aschendorfermoor. [213]

---

[212] Archiv Paul Meyer, Freiburg.
[213] Ebda.

Ein Pressebericht aus der „Nordwest – Zeitung", fast drei Jahre nach diesem Ereignis, von einer Tatortbesichtigung wegen eines Nachfolgeprozesses gegen Freitag, Buscher, Grahlmann, Urbanek und Widhalm vom 5.11.1949 schildert die Vorgänge des Massakers und den Zustand des Gemeinschaftsgrabes so treffend wieder, daß ich ihn hier wiedergeben möchte:

„Unterm Birkenkreuz im Moor

Eigener Bericht

An einer verwahrlosten Rosenhecke vorbei, aus deren Herbstlaub Hagebutten wie schwere Blutstropfen aufleuchten, führt fernab im Moor der Weg zu den Trümmern des Gefangenenlagers Aschendorfermoor. Von hohem Unkraut überwuchert liegen hier und dort Mauersteine und rostzerfressenes Eisengestänge herum, den Platz andeutend, wo einst die Baracken standen. Verfaulte Maststrümpfe und ein Wirrwarr verwitterten Stacheldrahtes sind die Reste der hohen dreifachen Lagerverdrahtung.

Hinter dem Lager ragt links im Moor ein Birkenkreuz hoch auf. Nackt und armselig wirkt es in dieser weiten, einsamen Landschaft und läßt die Ruhestätte, die es mahnend schmücken soll, noch kümmerlicher erscheinen. Zehn oder zwölf Meter lang und vielleicht zwei Meter breit ist die von einer mageren Grasdecke überzogene und von spärlichen Tannen sparsam umgrenzte Stätte, das Grab von mehr als hundert Häftlingen, die hier ganz in der Nähe von einer Horde Entmenschter hingemordet wurden.

Zwei Jahre ist es her, daß man die Toten aus der Grube, in und vor der sie 1945 umgebracht worden waren, umgebettet hat, und noch sind nicht alle, die damals den Henker spielten, zur Verantwortung gezogen.

Heute ist das Schwurgericht draußen im Moor, mit ihm fünf Angeklagte, deren Schuld oder Mitschuld jetzt bewiesen werden soll. Und viele Männer sind da, die damals als Häftlinge jene Stunden des Grauens miterlebt haben und jetzt Zeugnis geben sollen, damit das Recht walte.

243

Stunde um Stunde dauert die Vernehmung, und was sie sagten, die-
se Männer, das nimmt immer mehr und immer stärker Gestalt an,
wird sichtbar und erfüllt immer tiefer mit Grauen:
Man hört Kommandorufe – sieht bewaffnete Männer um das Lager
als Posten aufziehen – in der Lagergasse Gefangene aufmarschieren.
Man hört die Anfahrt eines Lastwagens und sieht diesen eine Flak-
Kanone dicht vor einer Grube in Stellung bringen. Vor der Grube
stehen in Doppelreihe Häftlinge – Feuerstöße zerreißen die Luft –
Menschen schreien auf wie Tiere – stürzen zu Boden springen in die
Grube, aus der andere zu fliehen versuchen. Wieder ein Feuerstoß –
Schreie – Schreie
Neues Kommando vom Geschütz her – dann bellen Maschinenwaf-
fen in häßlichem kurzem Ton auf – Handgranaten explodieren mit
dumpfen Schlägen. – Das Schreien wird zum Stöhnen, zum Wim-
mern – – und dann ist es still – –
Mit mattgoldenem Hof steht groß der Mond am Abendhimmel.
Über dem Moor wallt leichter Abendnebel, in dem das Birkenkreuz
immer mehr zum Schemen wird, als das Schwurgericht jene Stätte
des unsagbaren Leidens und tiefsten Grauens verläßt. H.K."

Beim Durchlesen dieses Berichtes wird auch uns noch einmal das
bereits durch die Ergebnisse der Forschung nach unserem Vater
Albert Sommer intensiv miterlebte, erschütternde und unfaßbare
Grauen vor Augen geführt.

Prozeß und Urteil

Im Mai 1946 können die Engländer ihre Ermittlungen abschlie-
ßen. Trotz umfangreicher Forschungen und Suchaktionen gelingt
es nicht, die Hauptbeteiligten aus Herolds „Truppe" ausfindig zu
machen. Hoffmeister, Kipinski und die anderen Soldaten bleiben
verschwunden. Sie werden nie zur Verantwortung gezogen.
Nur der Aufenthaltsort von Freitag, Herolds gefügigstem Voll-
strecker, kann festgestellt werden. Er ist nach Probstzella in die

russische Besatzungszone zurückgekehrt und damit dem Zugriff der Engländer entzogen. [214]

Nach entsprechenden juristischen und administrativen Vorbereitungen beginnt der Prozeß am 13.8.1946 im Augusteum in Oldenburg. Fünf britische Offiziere als Richter, unter der Leitung des Gerichtspräsidenten Oberst Herbert Brown. Gleich zu Beginn weist der Ankläger darauf hin, daß es sich um den ersten Greuelprozeß in der Britischen Zone handelt, bei dem Deutsche unter Anklage des Massenmordes, begangen an den eigenen Landsleuten, vor Gericht stehen. [215]

Auf der Anklagebank sitzen 14 Angeklagte, versehen mit einem deutlich sichtbaren Nummernschild: [216]

1	Willi Herold	8	Bernhard Meyer
2	Alfred Kobruck	9	Fritz Holland
3	Friedrich Hermann	10	Karl Schütte
4	Hermann Könker	11	Hermann Köslin
5	Paul Melzer	12	Josef Euler
6	Gerhard Setzer	13	Hermann Brandt
7	Karl Hagewald	14	Otto Peller

---

[214] Pantcheff: a.a.O. 1995, S. 118.
[215] Pantcheff: a.a.O. 1995, S. 128 und 133.
[216] Ebd. S. 130/131.

Abb. 74: Die Anklagebank
Willi Herold Nr. 1. [217]

Im Laufe des Verfahrens können folgende Angeklagte die Anklagebank verlassen, oder sie werden aus Mangel an Beweisen freigesprochen:

Nr. 2 Alfred Kobruck	Nr. 6 Gerhard Setzer
Nr. 3 Friedrich Herrmann	Nr. 9 Fritz Holland
Nr. 4 Hermann Könker	Nr. 11 Hermann Köslin
Nr. 5 Paul Melzer	

[217] Archiv Paul Meyer, Freiburg.

Die restlichen sieben Angeklagten werden wegen Mordes nach § 211 Strafgesetzbuch (StGB) am 29.8.1946 zum Tode verurteilt. Im Urteil wird erwähnt, daß über Zeitpunkt, Art und Durchführung später zu befinden ist:

Nr. 1	Willi Herold	Nr. 12	Josef Euler
Nr. 7	Karl Hagewald	Nr. 13	Hermann Brandt
Nr. 8	Bernhard Meyer	Nr. 14	Otto Peller
Nr. 10	Karl Schütte		

Bei den anschließenden Entscheidungen über die Gnadengesuche erscheinen lediglich die Beweise gegen Otto Peller widersprüchlich. Er ist der Einzige, der deshalb begnadigt wird. [218]

Hinrichtung

Am 14. November 1946 läutet die „Armesünder – Glocke" im Türmchen des Richthauses im Gefängnis in Wolfenbüttel.
Die Hinrichtung der sechs Verurteilten durch das Fallbeil beginnt pünktlich um 10.00 Uhr.
Es ist eine Ironie des Schicksals, daß sie unter dem Fallbeil sterben, das auch im nationalsozialistischen Regime viele Leben von „Wehrkraftzersetzern" beendete.
Der durch die Engländer reaktivierte, erfahrene Henker Hehr erledigt seine Arbeit rasch und präzise in 13 Minuten. [219]

---

[218] Pantcheff: a.a.O. 1995, S. 220/221. Anmerkung d. Verf. I. und H.P: Die Einzeldarstellung des Prozesses soll nicht Gegenstand dieser Dokumentation sein. Siehe dazu Pantcheff: a.a.O. „Der Henker vom Emsland".
[219] Ebd. S. 231

Aus Pietätsgründen verzichte ich auf die exakte Beschreibung des Hinrichtungsablaufes, kann aber nicht den Gedanken unterdrükken, daß auch Karl Schütte als Haupttriebfeder der Verbrechen nun keine „Musik" mehr macht.

Abb. 75: Richthaus im Gefängnis Wolfenbüttel. [220]

---

[220] Archiv Förderverein der JVA Wolfenbüttel/GWF (SnG), Foto Curt Oberst, vermutlich 1943.

Abb. 76: Originalfallbeil im Richthaus Wolfenbüttel. [221]

Abb. 77: Auszug aus dem Hinrichtungsbuch vom 14.11.1946
mit der Reihenfolge der Hingerichteten. [222]

---

[221] Foto von Howard Goodkind von 1945 (www.goodkindletters.com).
[222] Foto von der Gedenkstätte in der JVA Wolfenbüttel.

249

Die Zeit danach

Der Krieg ist am 9. Mai 1945 beendet. Millionen Deutsche kämpfen in den Folgejahren um das Überleben. Sie hungern und trauern um die Kriegstoten.

Unter ihnen auch Magda Sommer und ihre Tochter Inge, die in Diepholz geblieben sind.

Von den Alliierten Besatzungsmächten Amerika, England und Frankreich wird im Westen Deutschlands darauf hingearbeitet, die verlorengegangene Demokratie wieder herzustellen, wenn auch unter anderen Grundgedanken.

Schon in dieser Zeit kristallisieren sich Berufsgruppen heraus, für die das Überleben einfacher ist.

Kein Kriegsrichter oder Staatsanwalt wird zur Verantwortung gezogen, und das „große Los" haben zweifelsfrei auch viele Politiker gezogen.

Nach der Gründung der Bundesrepublik Deutschland finden wir Hunderte von ihnen in den Gerichten, im Bundestag, in den Landtagen und anderen leitenden staatlichen Stellen wieder.

Sie alle besitzen die Fähigkeit der Anpassung, tauschen ihre Parteibücher der NSDAP gegen andere Parteibücher ein und mutieren vom Saulus zum Paulus.

Natürlich sind sie zum Schutz der eigenen Vergangenheit nicht daran interessiert, Gesetze oder Verordnungen aus der nationalsozialistischen Zeit zu ändern oder außer Kraft zu setzen, würden dadurch doch ihre eigenen unrechtmäßigen Handlungen ans Tageslicht gezerrt.

So bleibt dann auch die „Kriegssonderstrafrechtsverordnung" mit der „Blutjustiz" der Militärgerichtsbarkeit unangetastet.

Ein Heer von unschuldig verurteilten Soldaten, die wegen „Wehrunwürdigkeit" wieder zu Zivilisten geworden sind, hinterlassen Frauen und Kinder, die keine Ansprüche nach dem „Ge-

setz über die Versorgung der Opfer des Krieges" geltend machen können.
Weder erhält Magda Sommer eine Kriegsopferrente, noch wird eine Waisenrente für die Tochter Inge gewährt.

In Deutschland hält eine Versorgungs- und Erinnerungskultur Einzug, bei der nur die kriegsbeschädigten und die gefallenen Soldaten einen Platz finden.
Über die 15 Millionen überlebenden, von einem perfiden System mißbrauchten, oft psychisch belasteten, heimgekehrten Soldaten wird bis heute nicht gesprochen.
Sie erhalten nur eine, für viele unbekannte Erwähnung im „Gesetz über Titel, Orden und Ehrenzeichen" von 1957. Darin ist genau geregelt, welche Tapferkeitsauszeichnungen des Zweiten Weltkrieges an welcher Stelle des Anzuges neben den Bundesverdienstkreuzen zu tragen sind.
Ich habe nur einen gesehen, den FDP – Politiker Erich Mende mit seinem Ritterkreuz bei feierlichen Anlässen.

Die Reihen der „Elite" der alten (braunen) Schule mußten sich erst lichten, bis der Bundesgerichtshof 1995 die Urteile der Militärjustiz als „Blutjustiz", und damit als Unrechtsurteile, einstufte.

Als für uns der letzte Zweifel über den Tod **Albert Sommers** durch weitere bisher unbekannte Archivunterlagen beseitigt ist, wird das Urteil des Feldkriegsgerichtes der Division (mot) Nr. 155 vom 10. Juli 1942 (Aktenzeichen St. L. II Nr. 202/42) am 5. November 2008 durch den Oberstaatsanwalt der Staatsanwaltschaft in Osnabrück aufgehoben.

Albert Sommer hat seinen Soldatenstatus somit nie verloren. Er wurde als deutscher Soldat von deutschen Soldaten ermordet. [223]

Seine Ehre ist wieder hergestellt.

---

[223] Anmerkung d. Verf. I. und H.P: Eine Wiedergutmachung der verweigerten Kriegshinterbliebenenzahlungen an die Ehefrau und die Tochter Inge hat es natürlich nicht gegeben. Ebenso wurden Entschädigungszahlungen für Zwangsarbeiter nach der KZ-Einstufung der Emslandlager aus den 10,1 Milliarden DM Stiftungsgeldern in den Jahren 2000 bis 2007 nur an überlebende Gefangene gezahlt.

Staatsanwaltschaft Osnabrück

560 AR 106/08 Osnabrück, 05.11.2008

Bescheinigung gemäß § 6 Abs.1,S.1
des Gesetzes zur Aufhebung nationalsozialistischer Unrechtsurteile
in der Strafrechtspflege (NS-AufhG)

Hiermit wird bescheinigt, dass

das Urteil des Feldkriegsgerichtes der Division (mot) Nr. 155 vom 10.Juli 1942
(Aktenzeichen St.L. II Nr. 202/42)

gegen den Kanonier Albert S o m m e r ,
geboren 02.06.1918 in Osnabrück,
letzter bekannter Aufenthaltsort:
Strafgefangenenlager II, Brual /Rhede,
letzter bekannter Wohnort vor der Einberufung zum Kriegsdienst:
Ziegelstraße 2 a, 49074 Osnabrück

wegen "Wehrkraftzersetzung"

(verhängte Strafe: 10 Jahre Zuchthaus und Wehrunwürdigkeit)

durch § 1 in Verbindung mit § 2, Ziffer 3 des Gesetztes zur Aufhebung nationalsozialistischer Unrechtsurteile in der Strafrechtspflege mit Wirkung vom 01.09.1998 aufgehoben worden ist.

Toppich
Oberstaatsanwalt

STAATSANWALTSCHAFT OSNABRÜCK 30

Verfügung

Hausanschrift:
Staatsanwaltschaft Osnabrück
Kollegienwall 11
49074 Osnabrück

Sprechzeiten:
Mo. - Fr. von 09.00 bis 12.00 Uhr
und nach Vereinbarung

Telefon: (Vermittlung)
0541 315-0
Telefax:
0541 315-6800

Bankverbindung:
Staatsanwaltschaft
Konto-Nr 106024664
Norddeutsche Landesbank
(BLZ 25050000)

Abb. 78: Aufhebung des Urteils am 5.November 2008.

Nachwort der Tochter

Ich bin dankbar, daß wir meinen Vater gefunden haben und die Möglichkeit hatten, ihm und allen zu Unrecht verurteilten Strafgefangenen, die soviel Leid ertragen und elend sterben mußten, zur Ehre und zur Erinnerung diese Dokumentation schreiben konnten.

Möge das positive Ergebnis dieser Forschung denjenigen eine Hilfe sein, die ein ähnliches Schicksal erdulden mußten und auf ihre quälenden Fragen keine Antwort erhalten haben.

Mit meinem Gedicht „Endlich habe ich Dich gefunden", vorgetragen während der Verlegungszeremonie des Stolpersteines in den Bürgersteig vor der Wohnung meiner Eltern Magda und **Albert Sommer**, Osnabrück, Große Gildewart 10, möchte ich am Ende sagen, daß wir nun hoffen, nach über 50 – jähriger Suche unseren Frieden zu finden und meinem Mann für diese großartige Dokumentation und die ausführliche Recherche danken.

Inge Peters geb. Sommer

254

Stolperstein für meinen Vater

Endlich!

Ich bin dankbar,
an diesem Ort
zu Deiner Ehre
einen Stolperstein zu legen,
für die Grausamkeiten
die Du erlitten hast
und für Dein bitteres Sterben.

Endlich!

Ich bin dankbar,
Dir jetzt nahe sein zu dürfen
durch den Stolperstein,
dass das Schweigen
ein Ende hat
und die Ungewissheit!

Endlich!

Ich bin dankbar,
ich habe Dich gefunden!
Nach vielen Fragen,
Entbehrungen und Ächtungen
stehe ich demütig
vor Deinem Stolperstein.

Endlich!

Ich bin dankbar,
dass Du einer von denen warst,
die sich dem teuflischen Regime
verweigert haben, und ich
ein Zeichen setzen kann
gegen Krieg und Gewalt – für Vergebung und Frieden!

Endlich!

Ich bin dankbar –
Dein Stolperstein
wird für mich und meine Familie
die Stätte der Erinnerung sein
und der Ersatz für einen fehlenden Grabstein
auf dem Massengrab Herbrum/Aschendorfermoor.

Deine Tochter Inge

Abb. 79/80

Abb. 81 u. 82: Gedenkrede der Tochter Inge
während der Stolpersteinverlegung in
Osnabrück, Große Gildewart 10.

EPILOG

Die Emslandlager sind im Laufe der Nachkriegsjahrzehnte dem Erdboden gleichgemacht worden. Es sollte Gras über die furchtbare Vergangenheit wachsen.

Nur dem Einsatz mutiger, forschender und mit ihren Fragen nicht nachlassender Menschen ist es zu verdanken, daß 1985 durch das 1981 gegründete „Aktionskomitee Emslandlager e.V." in Papenburg ein Dokumentations- und Informationszentrum (DIZ) entstand, welches endlich am 31.10.2011 seine Anerkennung in der neu erstellten Gedenkstätte in Esterwegen auf dem Gelände des ehemaligen Konzentrationslagers fand.

An das Lager II Aschendorfermoor erinnern nur noch der Friedhof der ermordeten Soldaten, Reste einer Sitzecke der „Blauen" im ehemaligen „Vergnügungspark" und ein Pfeiler, der einst die Schranke am Eingang des Lagers hielt.

Abb. 83: Friedhof in Herbrum hinter dem ehemaligen Lager II Aschendorfermoor (1. Besuch 2005).

Abb. 84: Reste der Sitzecke der „Blauen".

Abb. 85: Pfeiler der ehemaligen Schranke.

Abb. 86: Ehemaliger Zugang zum Lager II
mit einem Hinweisschild

Abb. 87: Gedenktafel für die Ermordeten
auf dem Friedhof Herbrum/Aschendorfermoor

Literaturverzeichnis

Ausländer, Fietje
Vom Wehrmacht- zum Moorsoldaten. Militärstrafgefangene in den Emslandlagern 1939 – 1945. Aus Osnabrücker Jahrbuch Frieden und Wissenschaft IV/1997.

Buck, Kurt
Auf der Suche nach den Moorsoldaten, Emslandlager 1933 – 1945 und die historischen Orte heute. Dokumentations- und Informationszentrum (DIZ) Emslandlager – Papenburg –, 6., erweiterte Auflage 2008.

Diels, Rudolf
Lucifer Ante Portas, Zürich 1949.

Eissing, Uwe
Richard Janssen. Nationalsozialist und Bürgermeister von Papenburg 1933 – 1945, Papenburg 1992.

Heeren, Heinrich
Der Postverkehr mit den emsländischen Konzentrations-, Strafgefangenen- und Kriegsgefangenenlagern 1933 – 1945. Dokumentations- und Informationszentrum (DIZ) Emslandlager – Papenburg – : Kleine Reihe 1997.

Henze, Wilhelm
Hochverräter raus. Hrsg. von Habbo Knoch, Bremen 1992.

Heuer, Hans-Joachim
Geheime Staatspolizei. Über das Töten und die Tendenzen der Entzivilisierung, Berlin; New York 1995.

Kosthorst, Erich / Walter, Bernd
Konzentrations- und Strafgefangenenlager im Dritten Reich, Beispiel Emsland. Zusatzteil Kriegsgefangenenlager, Dokumentation
und Analyse zum Verhältnis von NS – Regime und Justiz. Mit
historisch – kritischen Einführungstexten sowie statistisch –
quantitativen Erhebungen und Auswertungen zum Strafvollzug in
Arbeitslagern, Düsseldorf 1983.

Meyer, Paul / Kersting, Rudolf
(Film) 1998: Der Hauptmann von Muffrika. Eine Geschichte aus
den letzten Kriegstagen im Emsland.

Pantcheff, T.X.H.
Der Henker vom Emsland. Dokumentation einer Barbarei am
Ende des Krieges 1945. Leer 1995.

Rauschning, Hermann
Gespräche mit Hitler. Zürich 1940, 2. Auflage Wien 1988.

Schluckner, Horst
In Wüllner , Fritz / Ausländer, Fietje: a.a.O. 1990.

Wüllner, Fritz / Ausländer, Fietje
Aussonderung und Ausmerzung im Dienste der „Manneszucht".
In: Verräter oder Vorbilder? Deserteure und ungehorsame Soldaten im Nationalsozialismus./ hersg. Von Fietje Ausländer, Bremen 1990.

Auf weitere Quellen aus einzelnen Abhandlungen, Berichten und
Artikeln wird in den Fußnoten des Buches verwiesen.

Abbildungsnachweis

AK DIZ Emslandlager e.V., Papenburg
Abb. 31, 37, 38, 46, 50

Bundesarchiv Berlin
Abb. 32, 43, 44

Deutsches Historisches Museum; Berlin
Abb. 6

Förderverein der JVA Wolfenbüttel/GWF (SnG)
Abb. 75

Gedenkstätte der JVA Wolfenbüttel
Abb. 77

Goodkind, Howard, (zur Verfügung gestellt vom Sohn Tom)
Abb. 76

Heeren, Heinrich, Meppen
Abb. 30, 34, 49

ITS Arolsen
Abb. 33 (bearbeitet), 51, 55

Kazakhov, Alex, Polen (Ort leider unbekannt)
Abb. 22

Meyer, Paul, Freiburg
Abb. 60, 61, 64-66, 68, 69, 71-74

Niedersächsische Vermessungs- und Katasterverwaltung, LGLN
Abb. 48, 56-59

Niedersächsisches Landesarchiv – Staatsarchiv – Osnabrück
Abb. 11-13, 29, 39-41, 45, 47, 70

Pantcheff, T.X.H.
Abb. 42, 67

Peters, Inge
Abb. Titelseite und Rückseite

Peters, Privatarchiv
Alle nicht gesondert aufgeführten Abbildungen.

Unser Dank gilt allen, die es uns ermöglicht haben, das Buch mit den entsprechenden Abbildungen zu bereichern.
Rechteinhaber, die wir eventuell trotz umfangreicher Recherchen nicht ermitteln konnten, bitten wir, sich zu melden.